禱告的黃金法則

Practising the Principles of Prayer

揭示基督既熟悉又陌生的禱告原則，引領你挖掘禱告的寶藏，使你的禱告更有果效！

大衛·鮑森 著

吳美真 譯

By David Pawson

目錄

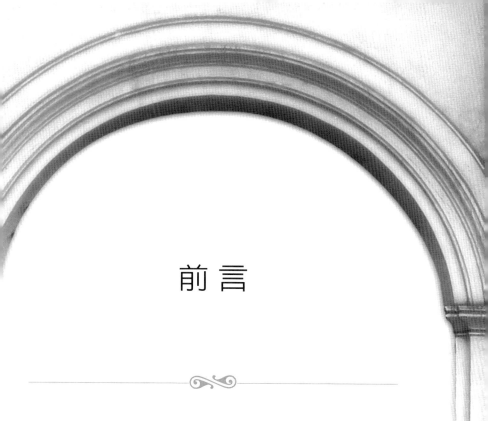

前　言

這 本書是根據一系列的談話寫成的。由於源自談
話，許多讀者會發現，它的風格多少異於我平常
的寫作風格。但願這一點不致使人無法專注於本書的聖經
教導的本質。

　　和平常一樣，我要求讀者將我所說、所寫的一切和聖
經作一比較，如果讀者發現任何相互抵觸之處，總要倚賴
聖經的清楚教導。

大衛・鮑森

1

向天父禱告

我受夠了那些宣稱我們只是動物的人。人們經常聽到這種說法,難怪他們表現得像住在叢林裡的動物!也許你記得動物學家戴斯蒙・莫里斯(Desmond Morris)如何在他的著作《裸猿》(The Naked Ape,中文版由純文學出版社出版)和《人類動物園》(The Human Zoo,暫譯)裡,嘗試從人類身上看到動物的情感和行為。已故的動物學家和電視主持人強尼・莫里斯(Johnny Morris)以一種更微妙的方式,嘗試說明動物如何表現人類的情感和行為。這兩人把動物的世界和人類的世界拉得太近了,因為聖經清楚說明,我們不是動物。也許我們和

動物呼吸一樣的空氣、具備一樣的消化系統，但是，我們和動物有別。如果你告訴一個人，他是動物，你必然認為這人會表現得像動物。但我認為這是對動物世界的一種侮辱，因為人類對待人類的方式，比動物對待動物的方式更加野蠻。我們可能下沉到動物不會沉入的深淵，也可能上升到動物無法升到的高處。

許多年來，哲學家就以動物和人類的差別展開辯論。有些人說，惟有人類會製造工具。但是，有一個女孩去到非洲和一群黑猩猩住在一起（順便一提，她是一個基督徒，帶著一本聖經去到非洲），結果她發現，黑猩猩也會製造工具。因此，人類和動物之間的這個差別就從人類學的書本上消失了。也有些人說：「嗯，人類會笑。」我猜想在某種程度上，鬣狗也會笑，但我不認為這是人類和動物的差別。還有些人說：「人類會交談。」但是，我們愈來愈發現，動物會彼此溝通，甚至魚類也會這樣做。有些人說，人類的獨特性在於人類會烹飪，當然，我們尚未發現動物會使用火。但我相信，世界上所有的動物和本書作者之間的一個基本差別是：人類會**禱告**。甚至史努比（Snoopy）也沒有和他的世界以外的力量建立關係！也許查理‧布朗（Charlie Brown）和露西（Lucy）會坐在那兒問一些有關星星的問題，但是，史努比不會這樣做。雖然史努比卡通的作者舒茲（Schultz）將許多人類的想法和

感情放進狗的腦袋和心裡，但是，他從來不敢將宗教思想放進史奴比的腦袋裡，因為那會過於怪誕，令人不敢置信（舒茲當了幾年的主日學老師，但後來他變成一個不可知論者，這一點清楚反映在他的史努比卡通裡）。我可以和我的狗談論這個世界，我可以和牠談論散步、骨頭、皮毛檢驗，以及其他事情，而牠會明白。但是，我無法和我的狗一起禱告。牠從來沒有顯露出任何禱告的慾望！

　　禱告是人類特有的行為，從一開始，人類就會禱告。追溯人類的歷史，我們發現，在最早的時期，最單純、最原始的人類相信一種偉大的力量、相信一位住在天空之上偉大的神，而人類可以和這位神說話。當我去到紐西蘭，毛利人（Maori）的招魂術令我吃驚。我害怕這種事，它讓我渾身發抖。當紐西蘭航空公司遞給我一個綠色的塑膠偶像（提基〔Tikki〕神像），我感覺受到污辱，因為在這個科技時代，當我搭機進入這個國家，他們竟然給我這種「求好運」的東西。抱歉，如果你是一個毛利人，我無意侮辱你的國家；我們在這裡也是這樣做。毛利人有天空之神、有海洋、河流和山嶽之神。但是，當我讀到下面這件事，我被強烈吸引住了：當毛利人在一千年前第一次來到紐西蘭，他們只相信一位神，這位住在天空之上的神叫雅（Yah），這是神的名字雅威（Yahweh）的開頭部分。

　　你在澳洲的原住民當中、在俾格米人（the pygmies）

當中，也會有相同的發現。人類學家發現，崇拜地球上的「物」是後來的事。早期的人類知道天空之上有一位神，那是越出星星之外的一種力量，你可以和這種力量建立關係，也可以和這種力量說話，而對物的崇拜是這種知識的墮落表現。

因此，歷代以來，人類一直在禱告；禱告幾乎是一種本能。我猜想在某個時候，大多數人都會禱告（在英國當然是如此，我想我也可以公平地說，全世界都是如此）。他們知道人類無法解決自己的問題，因此，他們向外求助（不管是以多麼含糊的方式）；他們禱告。

因此，我們禱告，這是一種本能。然而，我要討論基督徒的禱告，它不是一種本能，而是一件獨特的事。基督徒的禱告不同於西藏的僧侶轉動祈禱輪，也不同於穆斯林跪在墊子上面向麥加（Mecca）禱告。各個宗教的禱告有很大的差別，而基督徒的禱告是獨一無二的。其他宗教的禱告都是直覺性的，且以許多形式在人類當中傳開。但是，基督徒的禱告是獨一無二的，而我要告訴你，這種禱告有什麼獨特之處。

首先，對許多人而言，禱告是一件私人的事。然而，對基督徒而言，禱告絕非私人的事。就一個重要的意義而言，基督徒絕對無法單獨禱告！如果你拿這一點和伊斯蘭教作一比較（後者正在英國宣傳它的教義），你會發現，

惟有伊斯蘭教徒可以單獨禱告。穆斯林相信穆罕默德是阿拉的先知，但是，你甚至不需要穆罕默德——穆斯林可以單獨向阿拉禱告。然而，基督徒絕對無法這麼做。基督徒禱告時，至少需要四位同時在場，如果不是至少有四位，基督徒幾乎無法禱告。這四位是：你、父、子，和聖靈。除非你藉著子在聖靈裡向父禱告，否則你的禱告根本不是基督徒的禱告。因此我說，包括你在內至少必須有四位共同參與，而基督徒絕對無法單獨禱告。

此外，一旦你跪下來，魔鬼也會加入，而且牠充滿了興趣。就因為如此，禱告是一場大爭戰，也是一個大問題——因此，當你禱告時，至少有五位參與者！然後，你會發現，魔鬼絕不是獨自前來。當你禱告，你會發現，如果你的禱告真的上達於天，將會有更多的參與者加入你的禱告。然而，你不是與屬血氣的爭戰，而是與天上執政的、掌權的爭戰。以弗所書第六章的這節經文，出現在禱告的背景中。因此，這些執政的、掌權的也將參與其中。數量愈多，就愈安全。聖經給基督徒許多這類的特別應許：如果你們兩、三個人在地上同心合意地為任何事情禱告，你們的禱告將大有能力。

因此，在基督教裡，沒有私下禱告或一對一禱告這種事。在其他每一個宗教裡，信徒可以私下禱告，但基督徒的禱告絕不是一件私人的事，而是一件公開的事。你進入前線；你進入一個競技場；你被大群的證人包圍著；你與

天上執政的、掌權的爭戰；你在聖靈裡透過子向父禱告。
魔鬼緊緊跟著你，牠所有的嘍囉也跟隨在後；天使也對悔
改的罪人有興趣。所以，禱告是一件公開的事。

在本書中，我要提供一些實用的建議來幫助你。你是
否注意到，當耶穌教導你如何「私下」禱告；祂說：「進
你的內屋，關上門……說：『**我們**在天上的父……』」，
而不是「我在天上的父」——惟有耶穌才能這樣說。當你
獨自一人禱告時，你應該關起門，並說「**我們**日用的飲
食，今日賜給**我們**」。耶穌盡可能清楚說明沒有私下禱告
這種事。禱告永遠是一件公開的事；永遠是一個家庭的一
部分；永遠是一個群體的一部分。事實上，不管你有什麼
需要，神家庭裡的其他人在那一刻也有相同的需要，而你
自己可以為他們禱告。就因為如此，許多次當我主持喪
禮，在我所作的第一個禱告（包括帶領哀悼者所作的禱
告）中，我會提到當時正在舉行的其他喪禮以及其他哀悼
者，因為還有其他人有相同的遭遇，而在喪禮中，你可能
過於專注於自己的哀痛。

基督徒的禱告和其他宗教的禱告還有一個差別。對
許多人而言，禱告就是默想。但是，對基督徒而言，禱告
並非默想而是交談。我必須清清楚楚解釋這一點，因為
一個觀念：禱告就是默想（一種較高形式的禱告）——
已經悄悄地潛入基督徒的圈子。這個觀念已經存在好幾個

世紀了，它的源頭是東方的神祕主義，但這不是聖經裡的禱告。根據這種觀念：如果你仍然停留在祈求以及和神說話的階段，你是屬於禱告的「初級班」。一旦停止和神說話、停止向神祈求，並且學會只是思想，你的禱告就提升到默想的階段，而你甚至可以從這個階段繼續往上爬。信奉超然性默想的人會說，這是從默想階段往上升到什麼都不想的階段。當你進入這個階段，你就真正達到目標了！

這個觀念不只以超然性的默想形式出現。有一種基督教神祕主義將它顛倒過來，認為和神說話並向祂祈求是一種非常低等的禱告形式。讓我要求你查考聖經，把耶穌所說有關禱告的話讀一遍，你會發現，這些話有百分之九十五是關於說話和祈求──百分之九十五！對耶穌而言，禱告就是說話和祈求，而不是思想。默想在基督徒的生活中佔有一席之地，但它是指默想神的話──不是指什麼都不想，然後看看腦子裡會出現什麼，而是指晝夜默想神的法則。雖然默想在基督徒生命中佔有一席之地，但這是有內容的默想，而且這不是禱告。如果耶穌的教導可以作為我們的判斷根據，那麼禱告就是和神說話，並向祂祈求，而且這是最高形式的禱告，不是最低形式的禱告。

此外，如果你研究耶穌的禱告生活，你會發現相同的道理。研讀祂在客西馬尼園的禱告，研讀約翰福音第十七章（這是我們所能讀到最完整的耶穌的禱告）。然後，數數看

耶穌提出了多少祈求。耶穌禱告時並沒有默想，而是說話和祈求，這就是基督徒禱告的要點。因此，讓我們明白一件事：雖然看似簡單，但是，和神談論我們的需要以及祂的願望就是禱告。當門徒說：「主，教導我們禱告」，耶穌並沒有給他們一套默想的方式，祂教導他們說出一些簡單的話，而不是教導他們思想。祂並沒有說：「你們禱告要這樣想……」祂說：「你們禱告要這樣說……」然後，祂告訴門徒六件事，而這六件事全都是**祈求**。其中三件事是神要他們求的；其他三件事是他們想要為自己求的，那是說話和祈求，而那就是禱告。這件事既深奧又簡單，我之所以指出這件事，是因為即使基督徒也迷失在神祕主義的默想中，以為他們進入了一種更高形式的禱告。禱告很簡單，就是孩子將自己的需要告訴**父親**。這就是禱告的要點。

　　我可以進一步說，在整本聖經裡，我找不到這種保證：如果你的禱告全是讚美、沒有祈求，你的禱告會是更好的禱告！神喜歡禱告，也喜歡讚美，祂沒有比較重視其中一項、或者不喜歡其中一項。有時候我們以為，神比較喜歡我們只是讚美而不祈求；我們以為，神比較不喜歡我們將一張購物清單帶到祂面前。然而，祂是一位喜歡我們表達自己需要的天父。耶穌說：將你們所需要的告訴祂。這就是祂想聽的。

　　一位著名的小提琴家有一個正在學小提琴的兒子，但

這個兒子沒有向自己的父親學琴，而是向另一位琴藝幾乎和他父親一樣精湛的小提琴家學琴。有人問這個父親：「你為什麼不教他？」這個小提琴家說：「因為他從來沒有要求我教他。」他從來沒有要求。這個父親等待兒子說：「請你教我。」神就是在等待這個，祂就是在等待我們說：「請。」當神回應我們，我們可以讚美祂。但是，只要我們研讀耶穌有關禱告的教導，就會發現禱告即是說話和祈求。

以下是第二個要訣。當你「獨自」禱告，你會發現，如果你大聲禱告，禱告會容易許多。你禱告時，是否會東想西想，無法專心？試著說出來。當你說出來，你就比較不易分心。這麼說似乎平淡無奇，但是，試試看。許多基督徒覺得很難在禱告會中出聲禱告，而原因之一就是：他們私底下從來沒有出聲禱告，他們不習慣聽到自己的聲音。所以，在別人面前禱告時，他們必須克服雙重心理障礙：不只必須在別人面前禱告，也必須在自己面前禱告。耶穌說：「你禱告的時候，要進你的內屋，關上門……要這樣說……。」這是多麼簡單！我們怎麼會不了解？然而，我在英國所輔導的基督徒以及曾與我交談過的基督徒，大多是**在腦子裡**禱告，這是一件非常困難的事，要比出聲禱告困難多了！但是，耶穌說：「你們禱告要這樣**說**：『我們在天上的父……』。」我嘗試讓這件事變得很簡單。也許你以為我把它講得有點平淡無奇，甚至在迴避

問題，但我希望幫助你，希望實事求是。如果你早就超越了這個階段，願神祝福你，有一天，我會嘗試趕上你。但是，我想要從一般人的狀況開始講起。

一旦你提到禱告的主題，人們會說：「我不知道他是否想要討論禱告的問題。」現在，我想先來討論禱告的特權。如果你開始討論禱告的問題，你就完了！我和內人在婚前讀了一些書，這些書對我們大有助益，但我們到達一個地步，就是讀太多了。我們心想，問題可真多！我們讀到太多有關問題的書，這些問題可能讓你憂心忡忡。因此，我們開始思考特權。我希望你專注於特權，而不是問題。你會遇到問題、會遇到困難，而我們在討論的過程中，會提到這些問題和困難。但是，讓我們先來討論特權，先來討論能夠禱告是一件多麼光榮的事。

不久前，當時我站在倫敦一條街道的路邊，一輛漂亮的栗色勞斯萊斯在紅綠燈前停了下來，距離我只有一碼之遙。我首先注視著那輛車子，然後，我想看看坐在車子裡面的是誰。就在那裡，距離我一碼遠的地方，我看到了女王陛下！我從來沒有這麼尷尬過。我不太知道該怎麼辦。她好像注視著我，我略微揮揮手，而她好像也作出回應。然而，我們之間隔著玻璃厚板，就只能這麼近了。然後，她的車子揚長而去。假設她搖下車窗，並說：「哈囉！」假設她說：「這是我的名片，哪一天你來看我。」假設她說：「這是我的名

禱告
的黃金法則

片，如果你想要些什麼，可以打電話給我。」不，她不會這麼說，不是嗎？嗯，也許你會發笑，但我可以告訴你，隨時可以打電話給白金漢宮的熱線，絕對比不上禱告的特權，因為女王的資源遠不及神擁有資源的百萬分之一。這就是禱告的特權。它不是一個問題，我們要從這裡開始：我們有一條熱線。有時候，我會為一件事驚歎不已：我可以閉起眼睛、或甚至睜開眼睛，並說：「神」——然後，我就可以來到神面前了。如果神讓我這輩子只和祂會面一次，那已經是一種特權了，不是嗎？只會面一次！

　　這不是一個熟練例行方式的問題，而是一個操練如何來到神面前的問題。許多人尋找禱告的方法，於是，儀式就形成了，但儀式並沒有讓我們與神建立關係。我可以大膽地說，聖經中沒有提及我們經常提到的「靜默時間」。聖經上說，我們應當**不住地禱告**，但沒有說，我們應當有靜默的時間。我希望你能徹底思考這件事的含意。我要你想像一下，作丈夫的我對妻子說：「我要每個星期三和星期五晚上九點三十分準時愛你，你可以得到我整整半小時的時間；我會設定鬧鐘。你覺得如何？」這是一份關係嗎？我相信這件事不關乎熟練例行方式，不關乎使用某種方法，而是關乎**操練如何來到神面前**。當然，我引用了勞倫斯弟兄（Brother Lawrence）的話，他在廚房裡操練如何來到神面前，讓自己可以一邊刷鍋子一邊自然地和天父

說話，並祈求祂賜下他所需的一切。

因此，禱告是一個特權，而不是一個問題。如果你真的想要做一件事，你總會找到辦法。如果有個年輕人在教會裡左顧右盼，看到一個他喜歡的女孩，他會想辦法接近那女孩。他會找出自己的方式：給她一封信；或者聚會後待在會堂；或者隔年二月的情人節，他會送她一個禮物。他會**採取行動**。重要的是人，而不是地點或其他任何事物，而主耶穌比方法更重要。

對許多人而言，禱告是「運氣」。但是，對基督徒而言，禱告是信心。我所說的「運氣」，是指禱告對許多人而言就像一種「運氣」的遊戲，彷彿神是天上一位有個大滾筒的遊戲節目主持人，我們送上禱告，而祂將我們的禱告放在大滾筒裡，然後轉動把手、打開滾筒，偶爾抽出你的名字和地址，給你回信。經常禱告，但只得到一、兩個回應的人，也許認為得到回應是一件關乎運氣的事。因為得到回應的機率大約和有獎儲蓄債券（premium bonds，譯注：以獎金代替利息的儲蓄債券）的中獎率一樣大。我不要你以為我是在嘲諷，所以，讓我向你描述我收到的一封郵件。這封郵件的標題是：「默禱」，而標題下的文字是：「全心全意信靠主，祂會照亮你的道路。」接下來，我讀到：

「這個禱告是為了帶給你好運而寄給你的。它來自荷蘭（抱歉，朋友，但它就是來自荷蘭），而且已經在全世界

流傳九次了。我們將運氣轉寄給你，收到這份禱告文影本後四天，你就會得到好運。這不是開玩笑，你會在信箱裡收到這個好運。將這封信影印二十份，寄給你認為需要好運的朋友。請勿寄錢來！不要保存這封信，收到它之後的九十六個小時內，你必須把它寄到別的地方。一位美國官員收到七千美金，另一個人收到六萬美金，但因為打破了這個連鎖，而失去了這筆錢。」（運氣不好！）「現在談談比較嚴肅的一面。在菲律賓，W將軍（不管他是誰）在收到這個禱告文影本後六天翹了辮子，因為他沒有將這個禱告傳送出去。但是，他在死前收到他所贏得的七十七萬五千美元──他必須將這筆錢遺留給別人。」

不用說，你不應該理會這種荒謬可笑的信！「我將一支箭射向空中，我不知它落向何處！」（譯注：出自美國詩人朗法羅〔Henry Wadsworth Longfellow〕的詩）重點是，許多人確實覺得向神祈求是一件「碰運氣」的事。他們覺得這是一件「值得嘗試」的事，覺得這樣做「也許管用」。但是，對基督徒而言，禱告不是一件關乎運氣的事，而是一件關乎**信心**的事。禱告帶有一種確定性。如果有一個原則可以除去禱告的「運氣」和「機會」的成分，這就是我們現在必須討論的原則，亦即信心的原則。雖然其他原則也有這個作用，但我要將注意力集中在信心的原則上。

耶穌說：「你們當信服神。」（馬可福音十一章22

節）這句話的希臘文原意是：**當繼續相信神**。這不是你在決志那一天所做的一件一勞永逸的事。**繼續**相信神，這就是禱告的基礎。如果你希望你的禱告不只是一件「碰運氣的事」，你就必須相信神。

也許有些人以為，我這句話的意思是：我必須相信我會得到我所求的。這只是當我提到「你們當信服神」時，我心裡所想的事。在你相信你會得到神的回應之前，你必須先相信以下幾件事。

下列所述就是構成對神「信心」的要件，也是讓你的禱告得到回應的要件。

1. 我必須相信神存在

你是否注意到希伯來書第十一章的這句話。來到神面前的人，必須信有神。如果我想要帶著信心禱告，這就是信心的第一個項目。我必須相信神的存在。無神論者說，神不存在；未知論者不知道神是否存在。無神論者根本不禱告；未知論者遇到麻煩時會禱告，但是，他們不知道神是否回應禱告；基督徒說：「我相信神存在。」和自己說話沒有用處。有些人以為每天花一段時間進行自我暗示式的默想是有用的，但是我不會渴望和自己說話。首先，我不喜歡聽我自己說話。我不擅長和自己交談，如果你太常

自言自語，這是精神失常的第一個徵兆！如果禱告只是和自己交談，我不要禱告。我必須相信神就在那裡要和我交談。這是第一步。

我的第一個問題是：我的肉體感官無法告訴我神就在那裡。如果我看得見一個人，或者可以抓住這個人的手臂，或者可以聞得到這個人的氣味，那麼，我可以和這個人交談。但你禱告時，是和一位你看不見、聽不見、抓不到、碰不到、聞不到、嚐不到的神交談。因此，你覺得有點虛幻。

我的頭腦也無法告訴我神在那裡，因為世界上那些偉大的哲學家無法就神是否存在獲得一致的結論。他們絞盡腦汁進行推論、進行邏輯上的辯論，然而，他們仍然無法告訴我神是否存在。因此，我的肉體感官或頭腦都無法給我答案。所以，我不得不使用我的屬靈感官——信心，惟有這種感官可以告訴我，神在那裡。你是否注意到我沒有提及**感覺**？許多人都曾說過以下這句表達了有關信心基本問題的話：「我不**覺得**神在那裡。」你告訴我，哪一處經文提到你必須**感覺**神在那裡？聖經只說，你必須相信神的存在。有時候，你會感覺祂十分接近你，你幾乎可以碰觸到祂；但有時候，你沒有這種感覺。聖經不管你是否感覺到祂的同在，它只提出這個問題：「你相不相信祂在那裡？」不是你有沒有**感覺**祂在那裡。聖經沒有說：「禱告的人必須**感覺**有神。」祂的話就足夠了，而祂總是遵守承

諾。因此，不管我有沒有感覺，我可以憑著信心說：「我們的父，祢在天上，祢在那裡。」

2. 我不只必須相信神存在，也必須相信祂是有位格的，必須相信祂是一位神，而不是某個事物。

神有許多口語上的同義詞，這是人們的說法。幾年前，一位伍爾維奇（Woolwich）主教的著作《對神誠實》（Honest to God，暫譯）讓一個用語變得很流行：神是「我們存在的根據」。我會覺得我很難和「我們存在的根據」說話。還有人談到「生命力」。但是，和一股力量談話也不容易。如果你要向一股力量禱告，你倒不如對著一個電源插座禱告，插座也有力量——電力！但那是一樣事物，而不是一位有位格的神。在我禱告之前，我不只必須相信神在那裡，也必須相信祂是一位神，而不是某個事物。大多數人會說：「有一種比宇宙更大的東西，宇宙中有某股力量。」但是，你不是對著一股力量禱告，而是對著一位有位格的神禱告。如果你只是嘗試和一股力量說話，你的禱告會變得不真實。那位主教承認，由於他相信神是他存在的根據，所以他的禱告生活變得支離破碎，因為他不知道自己在向誰禱告。他和他自己的存在根據交談——換句話說，他和自己交談。

　　我和吉爾福德（Guildford）的一位法學院學生談到這件事，他說：「神？那只是我宗教感覺的一個名字。」他是當真的。

　　我回答：「但你無法對著你自己的宗教感覺禱告。」

　　他說：「是的，我不能，我也沒有這麼做。」

　　因此，我們相信神是有位格的。為什麼？因為聖經告訴我，我是按著神的形像被造的，而我可以感覺、思考和行動。因此，神也是可以感覺、思考和行動的。我是有個性的，而神也是有個性的。

　　我並不是按著我的形像造神；我是按著祂的形像被造的。然而，就一個重要的意義而言，我們彼此是「相像」的──你可以和與你相像的人談話。我聽見別人說：「我沒辦法和那個人談下去，不論在看法、性情或背景上，我們都截然不同。我無法和他暢所欲言，我們很不一樣。」但是，讚美神，我可以憑著信心相信在這方面，神和我「很像」。當然，在其他許多方面神和我不像，但重點是，我可以認識祂，因為祂是有個性而不是沒有個性的。在這件事上，我們必須跨出信心的一大步。祂不**只是一位**有位格的神。注意，我並不是說，我們要相信神是**一位有位格的神**；我是說，我們要相信神是**有位格的**，而這不只意味著祂是一位有位格的神，因為祂不只是如此。祂有三個位格，而祂總是知道如何以三個位格與我們相交，因為

與我們相交的是神的三個位格。

對我而言，這就是阿拉和耶和華（我們主耶穌的父）之間最令人興奮的差別。伊斯蘭教的神只有一位，因此他不是愛；他不能愛，因為沒有一個人可以自己成為愛。因此「神就是愛」這句話沒有出現在可蘭經裡，而是出現在聖經裡。如果阿拉是神，那麼有一段時間他是完全孤獨的。所以，阿拉如何愛？你是否明白我的意思？神是有位格的。自永恆以來，父一直和子說話，子一直和父說話，所以神是有位格的，而我可以加入這個對話，我可以插入，因為我是按著祂的形像被造的，我可以溝通、可以談話。神可以溝通，祂就是愛。這就彷彿祂們三位——或者祂的三個位格（我不太知道該怎麼說，這件事真是妙不可言），正張開雙手，說：「和我們交談吧，我們是有位格的。」而且，這位有三個位格的神在創造我們之前，就一起談論了這件事。

3. 我必須跨出信心的一步，相信神聽見我的禱告。

當我在教會講道，我使用擴音設備，好讓所有會眾聽見我說的話。我也可以拿起電話，讓遠處的人聽見我的聲音。當我在紐西蘭，我在短短幾秒鐘內就和我在英國的妻子通上電話了。我們透過太空中的人造衛星交談，我們的發問和回答之間沒有明顯可辨的時間間隔。這真是奇妙！

地球上的人和登陸月球的人交談時，只出現一點點可辨的時間間隔。我們相隔的空間距離愈來愈遠，但是我告訴你，從一開始，當一個人禱告，在諸天之上就可以被聽見。我們需要極大的信心才能相信一件事：雖然有幾百萬人同時禱告，但是神聽得見每一個人的禱告。這裡有兩個問題：第一個問題是距離的問題。神離我們有多遠？祂在最高層天。那是哪裡？我完全不知道。我只知道我的聲音可以傳到最高層天！但還有一個關於人數的問題。你是否曾經待在一間有許多人在說話的房間裡？你根本不知道他們在說些什麼。如果你必須戴助聽器，你會知道他們在說些什麼，因為許多助聽器無法對準某一個目標，所以它們接收每一個咳嗽、每一個噪音、每一個聲音；你很難分辨你想要聽的那人的聲音。我不知道此時此刻神正在垂聽多少人禱告。然而，神聽見我們所說的每一句話。地球上有六十多億人，但是神聽見每個人所說的每一句話。

　　我還沒開口，神就知道我想要說些什麼。祂知道我何時從椅子上站起來、知道我何時坐下，祂聽見每一句話。就在此時此刻，祂從最高層天聽見我們所說的每一句話。我們需要信心才能相信這件事，但這是事實。對我而言，這樣的知識太奇妙了，太深不可測了。如果有一個以上的人同時說話，我就無法聽清楚他們在說些什麼，但神就是神。

　　所以接下來，我們必須相信祂會聆聽。聽得見和聆聽

是兩回事。有時候，有人說我不擅長聆聽，我知道這是事實。我沒有聽力問題，但有時候，我無法好好聽別人說話。然而信心告訴我，神不只聽得見我的禱告，也願意聆聽我的禱告。

不可思議的是，我們以為我們有權利讓神垂聽我們的禱告；我們認為我們有權利活著；有權利享有健康；有權利得到快樂，因此我們以為我們有權利向神要求這些，彷彿神是我們的一個「福利國家」！我們憑什麼認為神應該垂聽我們的禱告？我有什麼權利要求神垂聽我的禱告？有人對我說：「嗯，我沒有要求來到這個世界；我沒有創造自己；神將我放在這兒，所以我有權利向神要求健康和幸福。」你沒有這種權利，我會簡單地告訴你為什麼？這是因為當神創造了這個世界和我們，祂說：「很好，保持這個樣子。」但是，沒有一個人做到這一點。因此，我們喪失了讓神垂聽我們禱告的權利，我們沒有這個權利。然而，憐憫的神垂聽我們的禱告。你可以憑著信心相信，神不只聽見你說話，也願意聆聽你說話。

你是否明白，你和神之間可能存在著多少障礙？如果過去三十年，你每天只犯一個罪，現在，你和神之間就隔著一萬個罪！你有什麼權利讓神聽你禱告？惟有當你處理你的罪，你才有權利讓神聽你的禱告──然而，神聽你禱告：祂喜歡聽，這不是因為我是一個什麼樣的人，而是因為祂是一

位什麼樣的神。因為祂是一位如此愛我們的神，所以，祂喜歡聆聽我們禱告。祂喜歡我們將自己的需要告訴祂。

接下來，我不只必須相信神會聆聽，也必須相信神會回應。如果對話是單方面的，對話可能很不愉快，不是嗎？想想如果只有你在說話，那會是什麼樣子：「天氣很不錯。昨天天氣很好，不是嗎？希望明天天氣也很好……。」這是一種單向的對話，而你必須讓對話持續下去。向神禱告時，對話的成分多於默想的成分，而對話是雙向的。相信神會回應是我們所需信心的一部分。相信神；相信神存在；相信祂是有位格的；相信祂聽見我們的禱告，願意聆聽我們的禱告，會回應我們的禱告。相信神有耳朵、也有嘴巴。當我們禱告時，一件重要的事就是：不要告訴神必須如何回應我們的禱告。

以下同樣是一個實用的建議。如果你事先告訴神必須如何回應，你可能會錯失祂的回應，而且祂會改變回應的方式。祂有許多回應的方式，我只能列出其中的一些。首先，祂可以藉著震動空氣回應，讓你的肉耳聽見祂的聲音。祂真的可以這麼做。當祂這麼做，那就像打雷，所以我很感激祂沒有經常以這種方式回應！神可以讓空氣移動。我們知道當祂說話，祂的聲音就像打雷，因為在聖經裡，有幾次祂說話時，人們說那就像打雷。有人聽到這樣的話：「這是我的愛子，我所喜悅的。」如果神每一次都以這種方式說話，喜歡

安靜、肅穆敬拜的人當然會離教會遠遠的！

神可以透過讀經對我們說話。有時候，一節經文似乎跳出來，彷彿是由閃閃發光的字母寫成的，上面且有你的姓名和地址。然而，如果有一次神以這種方式對你說話，下一次，嘗試以相同的方式得到回應將是一大錯誤。

神可以透過一種內在的聲音對你說話，這種聲音十分清楚，你甚至以為你親耳聽見它。有時候，走出教會時，有人告訴我：「你知道，你說的那些話是神給我的話。」講道才剛剛結束，我記得所有的內容，所以我知道我並沒有講那些話。然而，他們相信我說了那些話。事實上，那是神清清楚楚地在他們心裡說話。他們聽見祂的話，而他們以為那是我說的，因為當他們聽我講道時，他們也敞開自己的心聆聽神的話。

神能夠以令人震驚的方式透過環境說話；祂能夠透過另一個人的聲音說話——不管是透過直接的預言、或者透過交談中一句隨口說出的話。重要的不是祂如何回答、或是祂何時回答，而是相信當你禱告時，祂會回應。有時候，祂直到最後關頭才回應。然而，信心讓你相信祂會及時回應，雖然信心並沒有定規神要如何回應、或者何時回應。

有時候，你會立即得到回應。如果我回顧生命中一些讓我成為傳道人的關鍵階段，我可以看出，神以許多不同的方式說話。當我考慮投入服事時，一天早上，我說：「主，如

果祢要我投入事奉，今天中午之前，祢必須告訴我。」

大約十一點鐘，我和我的朋友正在喝咖啡（我們兩人都在接受成為農夫的訓練），他注視著我，然後突然說：「你知道，大衛，我想最終你會走上傳道的路，而不是走上耕田的路。」

所以我離開他，走入一條街，然後，我立刻遇到一位退休的牧師。他直視著我，同樣地突然對我說：「大衛，你何時投入事奉？」在那天中午之前，神以再清楚不過的方式透過別人對我說話。

我想到有一天我必須面對一個事實：我是某個教派的傳道人，在這個教派中，就洗禮的事而論，我是一個異端，而我必須站立在這個教派的神學家所組成的教義委員會面前。我可不喜歡這樣的場景。大約在這之前的兩個星期，當時我在諾森伯蘭郡（Northumberland）海邊的一個小漁村度假，一個可愛的漁夫走上講台，讀了出自希伯來書裡的話：「我必不懼怕；人能把我怎麼樣呢？」（希伯來書十三章6節）當他讀出這句話，我所有的恐懼都煙消雲散了。雖然我們失去了工作、家、養老金，失去了一切，但是，神說話了；祂的話是有生命的，我的恐懼消失了。

然後，我想到接下來我透過環境聽到的聲音，那是金山浸信會（Gold Hill Baptist Church）對我說的：「我們要呼召你成為牧師，你願意來嗎？」

我說：「抱歉，但我最早也得等到明年四月三十日才能去。」當時是十一月。

他們說：「這不是很奇妙嗎？我們正在蓋一棟新的牧師館，建商告訴我們，要等到四月三十日才能完工。」確是如此，所以我們在四月三十日搬了進去。神透過環境說話！

然後，我想到我們如何搬到吉爾福德。我想到有兩次，那裡的教會寫信來說：「你願意來吉爾福德牧養教會嗎？」我回信說：「不行，」或者其他類似的話。但是一天早上，當時我躺在床上，覺得人不太舒服。我看到壁紙上有「吉爾福德」四個字，所以我說：「主啊，我不該拒絕嗎？」我的妻子將放在盤子裡的早餐端進來，盤子上有郵件，而最上面的信封上蓋有吉爾福德的郵戳。她會記得我讀完信後轉向她，然後說：「我們要去吉爾福德了。」當我們回顧過去，我們明白，神以一千零一種方式說話。重要的是相信神會回應，而不是告訴祂該如何回應、或者何時回應。我希望對你而言，這樣說夠實際了！

重要的是相信神會行動；相信祂是一位又真又活的神；相信祂確實掌管著你的處境；相信禱告可以改變情況，不只是改變人。現在，我要給你上一小堂哲學課。在此，我們必須思考三種哲學：一神論（theism）、自然神論（deism），以及一元論（monism）。一神論者說，神創造並掌管這個宇宙；自然神論者說，神創造這個宇宙，

但無法掌管這個宇宙。宇宙就像祂所製造並上緊發條的錶，現在，宇宙掌管著自己；一元論者說，這個世界是它自己創造出來的，也是由它自己掌管的。一元論完全不考慮禱告。但是，自然神論在教會內十分普遍。這種哲學的信奉者認為，你可以為人禱告，因為神可以改變人；但你不能為事情禱告，因為神不再掌管事情。舉例來說，你無法為天氣禱告，因為天氣是由自然法則所控制的。你可以為自己禱告、可以為自己的耐心禱告、可以為病人禱告。一神論者認為，神不只創造宇宙，也掌管宇宙。

我正在聽孟德爾頌（Mendelssohn）所創作精彩絕倫的神劇「以利亞」。之前，在一個復活節的主日早晨，我在加利利海的隱格（Ein Gev）聽過這齣神劇。當我望著外面的花園，我想到以利亞，然後，當我看到花園多麼乾燥，我心裡想：「我不知道有哪位英國的先知敢說：『神啊，除非我們醒悟，否則讓英國有三年半不下雨。』」有幾個月，雨量非常稀少，所以我們開始擔心！義人靠著禱告讓雨停止三年半。想想看，如果這種事發生在英國，情況會怎麼樣？一旦水龍頭流不出水了，我們可能迅速跪下來求雨。但是，當以利亞求神讓雨停止三年半，他看到了百姓真正的需要。

我記得曾遇上一陣炙熱的沙漠風，我感覺那風吹乾了一切。於是我心裡想，如果那風繼續吹上三年半，情形會

是如何？當我來到迦密山（Mount Carmel）上，即以利亞挑戰巴力眾先知的地方，我為我頭頂上一朵和人手一樣大的雲照了一張相片。以利亞相信神可以掌管和行動，祂相信神是一位又真又活的神。

倪柝聲（Watchman Nee）也這麼做。他和一個男孩去到中國沿海的一個島上傳福音，抵達時，他們發現該地盛行一種祈求富饒的異教儀式。當地人崇拜一位他們相信會賜下雨水的神。每一年，祭司會抬著這尊偶像在街上遊行。這件事發生在乾季，當地人在陽光下行進，求他們的神在幾個星期後降下雨。然後，雨降下了。倪柝聲和那個男孩嘗試傳福音，卻一無所穫。當他們為這件事禱告，那個十四歲的男孩對倪柝聲說：「我們何不試試以利亞的神蹟？」

倪柝聲還沒有那麼大的信心，但是他說：「好吧，就這麼辦！」於是，他們求神在人們扛偶像遊行的那一天，讓雨降在偶像身上。接下來的幾個星期，天空一直晴朗無雲。在遊行的那天早上，他們起床時天空仍然晴朗無雲，他們的信心有點動搖。然後，當他們開始扛著偶像來到街上遊行，一朵雲開始形成了。這朵雲迅速擴展開來，接著就落下了最初的幾滴雨。然後，天空降下傾盆大雨，扛偶像的祭司滑倒了，將偶像摔個粉碎！他們匆忙將破碎的偶像粘起來，然後向大眾宣布，他們弄錯了日期，並說幾個星期後，他們會再度將偶像扛出來。

禱告的黃金法則

倪柝聲說：「你們再度將偶像扛出來之前，不會下雨，然後，雨會再度降下。」情況的確是如此，於是整個島的島民都信了主。你知道，你必須相信神仍然掌管一切；祂仍然採取行動。而且，祂不只可以改變人，也可以改變情況。

我們將舉行在吉爾福德第一個復活節主日的日出崇拜。我們聚集在一起，參加主日早晨的禱告會。但是，天氣預報讓我們覺得很沮喪。就我們所知，那是我們鎮上的第一個日出崇拜，而我們覺得這次崇拜是為了主的榮耀。我們如此禱告：「主啊，祢是我們的『氣象預報員』。」我們為祂的榮耀禱告，不是為了我們的崇拜或我們的教會禱告——這不同於為主日學外出旅遊時有個好天氣禱告。我們為祂的榮耀禱告，為第一次日出崇拜禱告。那個主日早晨，我們看到前所未有燦爛的陽光——十六年來吉爾福德最好的天氣。我們應該將這件事視為巧合嗎？你大可以這麼說。但是，我寧願活在一連串這樣的「巧合」之中。這需要信心，需要相信神仍然掌管一切；需要相信祂並非只是創造了世界，然後就讓它按照自然法則運作。自然法則和神的關係，就像學校校規和校長的關係。只要願意，神隨時可以改變這些法則。

我們必須相信的最後一件事是：神會將我們所求的賜給我們。也許你會認為，當我談論帶著信心禱告，我會先

提到這一點。但是，我最後才提到這件事，因為我們必須先相信其他的事：神存在；神是有位格的；神聽見我們的禱告；神會聆聽我們的禱告；神會回應我們的禱告；神會採取行動。然後，如果我相信這六件事，我就可以帶著信心求神讓我得到我所求的。讓你得到回應的，就是這種信心。耶穌說：「**你們禱告，無論求什麼，只要信，就必得著。**」這是一個語氣非常強烈的聲明。主的兄弟雅各在多年後寫道：「只要憑著信心求，一點不疑惑；因為那疑惑的人，就像海中的波浪，被風吹動翻騰。」不要疑惑。你的問題就是：你開始疑惑；你開始憂慮會發生什麼事？一切都沒問題嗎？正如耶穌教導我們的，憂慮是對天父的一種污辱。「你們這小信的人哪。」

　　許多故事談到這一點，我不太知道該從哪個故事說起。我想到林肯郡（Lincolnshire）的耕童約翰‧杭特（John Hunt），他邊耕田邊將聖經平穩地放在犁的把手上，藉此讓自己讀聖經；他也以相同的方式自修希臘文和希伯來文。他在廿六歲那一年，成為第一個去到東加（Tonga）和斐濟（Fiji）群島宣教的宣教士，在十年之內帶領那些島民歸向基督。然後，他在卅六歲那年死於過勞。在他搭船前往斐濟的途中，正當斐濟已經出現在視力範圍內，他的船撞在一座珊瑚礁上，在他腳下碎裂開來。他的旅程彷彿徒勞無功，而大家似乎都要溺死在海裡、沒有希望了。但是，約

翰・杭特在甲板上跪下來，說：「主，我們來到這裡傳祢的福音，讓我們抵達目的地吧！」當他睜開眼睛，他驚恐地看到一道大海嘯朝他們壓下來——那滔天巨浪源自太平洋的一座海底火山。然而，大浪不但沒有將他們淹死，反而將船的殘骸舉起來，帶著它行進了一英里，然後將它拋在岸邊。每個人都安然無恙地從船上走出來。他信！

　　有時候，讀到有關回應禱告的書讓我感到有些沮喪。你是否也是如此？當你讀到喬治・慕勒（George Muller）和戴德生（Hudson Taylor）的生命故事，你只想要悄悄走開，並且放棄。有兩件事和你的信心無關，也有兩件事和你的信心有關。讓我們實事求是，以下就是和信心無關的事。不要試驗和**感覺**你的信心。感覺起伏不定；若非如此，你就沒有任何感覺。但是，如果你將信心綁在感覺上，你的信心也會起伏不定。將你的感覺綁在信心上，你的感覺就會跟著你的信心走。將信心綁在事實上，那是正確的作法。你也不必強迫自己生出信心。你可以讀了喬治・慕勒的生命故事，然後強迫自己創辦一家大孤兒院！勉強的信心不會有功效。你該對你的信心做些什麼？首先，你挑旺它，然後，你擴展它。藉著聽聽其他的禱告如何獲得回應，來挑旺你的信心。

　　我的教會有一個青少年，他在學校的一次旅行中，遭遇到一個小小的麻煩。行經海邊時，他想要吃打包好的午

餐裡的一顆柳橙。他的問題是如何處理柳橙皮。煙灰缸已經滿了，他不想將柳橙皮放在口袋裡。所以，該怎麼辦？他憑著信心禱告，求神處理這個問題。結果另一個男孩拍拍他的肩膀，問他：「你要怎麼處理那些柳橙皮？」

「你問這個做什麼？」他回答。

另一個男孩說：「我喜歡吃柳橙皮，你可不可以給我？」

這個禱告的男孩故意在公車裡走了一圈，問他的同學：「你們吃柳橙皮嗎？」每個人都大聲回答：「不吃。」這真是有趣，但對我而言，這件事給我極大的鼓勵。因為這個男孩只是為一個簡單的問題祈求，而主聽見了，也解決了這個問題。這件事就像耶穌所行的一個神蹟：祂去加利利的迦拿參加一場婚宴，而婚宴上出現一個小小的難堪場面——沒有酒；祂將水變成了酒。

藉著聽聽別人的禱告如何得到回應來挑旺信心；藉著讀聖經挑旺信心。當你進入聖經的世界，你讀到人和神說話，神也和人說話。你活在一個真實的世界裡，這是事實，不是虛構；這不是科學教科書，也不是神話。在這個世界裡，真實的人將真實的需要帶到神面前，為這些需要向神祈求，並得到回應。你愈是讀聖經，就愈是活在這種世界裡，也愈能做聖經人物所做的事。

挑旺信心，不要試圖去感覺信心，不要試驗信心或強

禱告的黃金法則

迫自己生出信心。要挑旺信心，並從裡面擴展信心。我從一位法國宣教士那兒得到這個信息。他對我說：「大衛，絕對不要為你不相信的事禱告。」我心裡想：「他究竟是什麼意思？」

「神所能做的，超過我們所求所想。這是保羅在以弗所書第三章所說的。你是否聽過一首詩歌：『今你禱告大君王，要到主前求大事』（譯注：出自「我靈祈求歌」〔Come, my soul, thy suit prepare〕）？」

我對這位宣教士說：「你是什麼意思？在祂沒有難成的事。」

他回答：「是的，在祂沒有難成的事，祂所做的，往往超過你所求所想。但是，你必須學習在信心的範圍內禱告。」

他繼續說：「我從我的隔壁鄰居那兒學習到這個功課。當他們搬進來，我把他們放在我的禱告名單上，每天為他們的決志禱告。但是，沒有任何結果。最後，我對主說：『為什麼？祢沒有回應我的禱告。我每天為我的鄰居禱告。』主說：『因為你不相信。』我回答：『但是，主，在祢沒有難成的事。』主說：『我知道，但你不相信。』」

這位宣教士說：「但是，主，我相信對祢而言，凡事都是可能的。」主說：「不，你不相信，你無法想像你的鄰居變成基督徒，不是嗎？」他回答：「是的，我無法想像！」所以，他問主，他該為什麼禱告，主說：「為你相

信會發生的事禱告。」因此，接下來，他求神讓他和那個鄰居有一次愉快的交談。一個星期之內，他們針對花園的圍籬進行了一次非常愉快的對話。接下來，他求神讓他進入那個鄰居的家——他沒有去過他家。不久之後，這個鄰居邀請他去他家喝咖啡。然後，他求神讓鄰居把話題轉移到宗教。於是，這個鄰居問他，星期日都去哪裡。接著，他求神讓他帶這個鄰居去參加教會的某個聚會，結果這個鄰居來了。

你明白他在做些什麼嗎？他從裡面擴展信心，他在信心的範圍內禱告。當他從裡面擴展信心，他的信心就持續成長。最後，他說：「主啊，讓我的鄰居決志吧！」結果，他的鄰居真的決志了。

所以，不要去感覺信心，不要強迫自己生出信心，而要藉著研究禱告（特別是聖經裡的例子）如何得著回應來挑旺信心，並且藉著在信心的範圍內禱告，從裡面擴展信心。最好為你所相信的小事禱告。如此，當神回應你，你的信心會成長一些，而你會為更多的事禱告。

經常地，我們聽到這樣的禱告：「主啊，讓復興降臨我們的城市吧！」我想要制止這個人，並告訴他：「當你這樣禱告時，心裡在想些什麼？你認為會發生什麼事？你可以想像這件事發生嗎？從你相信會發生的事開始不是更好嗎？如果你藉由信心的眼睛看到某件事發生了（即使你的肉眼仍

看不見），那麼，從這件事開始禱告不是更好嗎？」在你信心的範圍內開始，然後，從裡面擴展這信心。

　　現在，讓我們來討論信心客觀的一面。這客觀的一面就是神的父親身分。信心必須有內容、必須有相信的對象，而我所相信的對象就是神的父親身分，因為基督徒禱告的獨特之處即在於此（你無法在世上其他地方、其他宗教或其他宗教的經書裡找到這種禱告）。有一天，門徒聽見耶穌禱告。他們從小就被教導如何禱告，所以他們知道禱告時該說些**什麼**。但是，當他們聆聽耶穌禱告，他們聽到了不一樣的東西。耶穌結束禱告後，他們圍繞在祂身旁，說：「主啊，教導我們禱告。」他們沒有說：「主啊，教導我們**如何**禱告」──他們沒有求問方法。他們是在說：主啊，可不可以教我們像祢那樣和神說話？可不可以教我們禱告？耶穌說：「可以，我可以教你們。你們禱告時，要說：『阿爸父』……。」對猶太人而言，這是一個革命。對任何人而言，這似乎難以置信。你去問問所有不上教會、但認為自己相信神的人，他們有多少次稱神為「天父」？一次都沒有！他們說：「啊，我相信神，我不要你以為我不相信神。」但是，他們不會稱神為「天父」，不是嗎？當然他們不會，因為他們不是祂的孩子。

　　猶太教比其他宗教更接近真理，它為真理作預備，且是真理的基礎。信奉猶太教的人害怕妄稱神的名字，甚

至到今日，他們仍然不會說出神的名字。在以色列，我向一個猶太人問到這個問題。我試圖逼他說出神的名字，但是儘管我極力逼他，他不說就是不說；我在其他皆小心謹慎，但在這件事上，我逼他。我說：「當我講道時，我一直不知道如何說神的名字，你可不可以教我？」他給我上了一堂希伯來文課，並告訴我，以利亞的正確發音應該是「以利亞胡」（*Eliahu*）；摩西的正確發音應該是「摩伊須」（*Moishe*），此外，我不應該說耶穌，而應該說耶書亞（*Yeshua*）；不應該說彌賽亞，而應該說「彌敘亞」（*Meshiah*）；不應該說以斯拉，而應該說「伊茲拉」（*Izra*）。我說：「沒錯，但是，我要怎麼說神的名字？」他看我的表情就好像我打了他一巴掌，然後，他說：「我把字母告訴你。」所以，他把那四個字母（譯注：即YHWH）告訴我，但我其實已經知道了。我問：「那我要怎麼說？」他說：「猶太人不說這個名字。」我說：「如果他們說這個名字，他們會怎麼說？」我想有時候，我可以逼人就範，但在這件事上我沒有辦法。他說：「有時候，我們說『主』，有時候，我們只是說『主的名』（the Name）。我們說：『你和主的名說話，主的名可以聽見你，也會回應你。』」但是他說：「不，我不會說出主的名。」

耶穌碰到了這個情況，而祂說：「你們禱告時，要說爸爸（這就是「阿爸」〔Abba〕的意思）。」在我們帶

到以色列的每一個參訪團中，總有人因為說出「阿爸」二字而得到一種興奮感。他們說：「我剛剛聽到一個孩子叫『阿爸，阿爸』。」這是猶太人最先教導小孩說的兩個字。耶穌來了，祂告訴門徒，這不是一個方法、技巧或儀式。當你禱告時，要說「阿爸父」——你是祂的孩子。

現在，思想禱告時使用的手勢，因為除了嘴巴，在聖經裡，禱告時最常使用的身體部位就是手（甚至比膝蓋更常被使用）。在聖經裡，大多數的禱告都是站立式的禱告，有一些是跪著的禱告，而所有的禱告都是睜開眼睛進行的——聖經完全沒有提到禱告時，應該閉起眼睛。在橄欖山，我們看到那些小乞丐如何理所當然地使用手。那些阿拉伯孩童說：「哈囉！」然後伸出手，手掌朝上，微微作成杯狀，要接住別人放入手裡的東西。在我們的參訪團中，這個手勢幾乎變成一個笑料。教小孩做我們自己不會去做的事是多麼奇怪的一件事。我們教導他們在禱告時使用手。但是，通常我們把錯誤的姿勢教給他們。我聽過人們以種種理由解釋，為什麼我們認為讓雙手合在一起的特定方式是「正確」的。當然，這是東方人問候上級或長輩的方式。有些人說（但我不怎麼相信）當你這麼做，你製造了一種聖所般的哥德式（Gothic）拱門——顯然有人認為，除非門和窗是哥德式拱門的形狀，否則他們無法禱告！這不是聖經的方式；聖經的方式就像那些阿拉伯小孩

說「哈囉」的方式；聖經的方式就是說「爸爸」。當你獨自一人，試試這個。不管你是站著、跪著、坐著或躺著，試試使用你的手，並說：「爸爸，我需要祢。」

心理學家告訴我們，我們必須長大、成熟；必須除去對父親的依賴、必須獨立。這種說法再錯誤不過了。成熟是以一個父親取代另一個父親；長大是以天上的父親取代地上的父親。這就是耶穌在十二歲時所做的事。約瑟不再需要照顧祂，他的大手不再需要牽著耶穌的小手。耶穌可以說：現在，我和我父在一起；我做我父的事。長大不是變成獨立，而是像一個小孩那樣，將你的手放在一隻較大的手裡、放在神的手裡。就因為如此，禱告是一件簡單的事；就因為如此，神說：「這稱為我名下的子民，若是自卑、禱告……」這是什麼意思？如果他們變得像小孩，舉起手，並且這樣說……。然而，我的教會中一位女士說，當我舉起手，那是一種法西斯（fascist）式的作法，讓她想起紐倫堡（Nuremberg）大會。我們害怕舉起手，然而聖經處處告訴我們「拍手」或「向主舉起聖潔的手」。我們把這件事當成一種隱喻，我們將它屬靈化，但神知道我們是在肉身裡，在死亡之前，我們都受限於肉體。我們應當以完整的自己到神面前禱告。因此，我們何不舉起手，睜開眼睛，然後說：「哈囉，爸爸。」

我不會忘記許多年前來到黑斯爾米爾（Haslemere）的

一位可愛聖徒。他因心臟病發被帶到醫院，並在醫院過世。在他死前的幾個星期，我曾去探訪他。他的心臟出現各種奇怪的毛病，所以他們放入一個心律調節器，嘗試調整心跳，但這東西並沒有幫上忙。他要我為他禱告，求耶穌調整心跳。耶穌回應了這個禱告，從那時候到幾個星期後他過世為止，他的心跳變得很有規律。所以，耶穌回應了一個禱告，但並不是全面性的回應。事實上，這個人只求這個——緩和心律不整的情況。但是，這個人身上散發著馨香之氣。那不是一種方法，而是一種「操練如何與神同在」。有一天我去醫院看他，他注視著我，然後說：「啊，看到你真是太好了，我剛剛和天父聊天聊得很愉快。」這不是很美妙嗎？他並沒有說：「我剛剛作了禱告；我剛剛結束我的安靜時間。」我永遠不會忘記他說「天父」時的樣子。這個人有強大的信心，而這個信心讓他認識並經歷到神的父親身分。

因此，基督徒的禱告始於這句話：「我相信神，全能的父。」雖然我們對天父禱告，但是，禱告很簡單；禱告就是談話，就是祈求，就是像小孩來到地上的父親那兒，然後說：「我需要某樣東西，我相信祢會給我這東西。」

「你們雖然不好，尚且知道拿好東西給兒女；何況天父……。」天父會更樂意拿好東西給祂的兒女。或許，你會想要以此作為本週禱告的一個小小主題或警句：天父豈不把更多……？

禱 告

父神，阿爸父，爸爸，也許當我們搭上那輛來回列車時，我們已經長大了。但此刻，我們只是小孩，以後我們也將是小孩，而我們需要祢。主，我們憑著信心求祢在這一週與我們同在，求祢保護我們、照顧我們，求祢幫助我們度過一切難關。當我們有特別的需要，我們知道祢會供應這些需要，因為祢愛我們。謝謝祢賜給我們這種遇到任何需要時，可以隨時隨地和祢說話的特權，這一切都是因為祢的兒子讓我們成為祂的弟兄，讓我們得以稱祢為我們的父……我們在天上的父：願人都尊祢的名為聖。願祢的國降臨；願祢的旨意行在地上，如同行在天上。我們日用的飲食，今日賜給我們。免我們的債，如同我們免了人的債。不叫我們遇見試探；救我們脫離兇惡（或作：脫離惡者）。因為國度、權柄、榮耀，全是祢的，直到永遠。阿們。

禱告的黃金法則

2

透過子禱告

閱讀下面這段有關我們奇妙救主的經文：

「神」的道是活潑的，是有功效的，比一切兩刃的劍更快，甚至魂與靈，骨節與骨髓，都能刺入、剖開，連心中的思念和主意都能辨明。並且被造的沒有一樣在祂面前不顯然的；原來萬物在那與我們有關係的主眼前，都是赤露敞開的。我們既然有一位已經升入高天尊榮的大祭司，就是神的兒子耶穌，便當持定所承認的道。因我們的大祭司並非不能體恤我們的軟弱。祂也曾凡事受

過試探，與我們一樣，只是祂沒有犯罪。所以，我們只管坦然無懼地來到施恩的寶座前，為要得憐恤，蒙恩惠，作隨時的幫助。凡從人間挑選的大祭司，是奉派替人辦理屬神的事，為要獻上禮物和贖罪祭。祂能體諒那愚蒙的和失迷的人，因為祂自己也是被軟弱所困。故此，祂理當為百姓和自己獻祭贖罪。這大祭司的尊榮，沒有人自取。惟要蒙神所召，像亞倫一樣。如此，基督也不是自取榮耀作大祭司，乃是在乎向祂說『祢是我的兒子，我今日生祢』的那一位；就如經上又有一處說：『祢是照著麥基洗德的等次永遠為祭司。』基督在肉體的時候，既大聲哀哭，流淚禱告，懇求那能救祂免死的主，就因祂的虔誠蒙了應允。祂雖然為兒子，還是因所受的苦難學了順從。祂既得以完全，就為凡順從祂的人成了永遠得救的根源。」（希伯來書四章12節～五章9節）

我們討論了向神禱告，且將注意力集中在兩個主題上：信心和神的父親身分。現在，我們要開始思考何謂**透過子**禱告。

你是否記得米恩（編按：Alan Alexander Milne、常縮寫為A. A. Milne，以小熊維尼與兒童詩聞名於世）所寫的

小小禱告文「晚禱」（Vespers）。在這首詩裡，克里斯多福‧羅賓（編按：Christopher Robin，為米恩之子，也是他的創作靈感來源，常出現在米恩的作品之中，同時也是小熊維尼的角色之一）跪在床邊，求神祝福他的爸爸、媽媽和他自己？我會說這是一種孩子氣（childish）的禱告而且絕對不是基督徒的禱告。全世界任何一個人都可能作出這樣的禱告，而克里斯多福‧羅賓可能是一個佛教徒、印度教徒或其他任何宗教的信徒，而他作了這個禱告。「克里斯多福‧羅賓」長大了，成為德文郡（Devon）一家書店的老闆，他十分厭倦於聽到別人對他說：「你今天禱告了沒？」

以下是另一個禱告。和克里斯多福‧羅賓的禱告一樣，這個禱告出自吉爾福德，是一個會友在一個主日的晚崇拜之後寫的。這是惟有基督徒才可能作出的禱告，我會說這是一種孩子般（childlike）的禱告，而非幼稚的禱告：

你說我應該稱祂為「爸爸」

爸爸，我嚇壞了！爸爸，聚會結束了，他談到是否有人要禱告，而我想要和祢談話，爸爸。

但是爸爸，接下來，我嚇壞了！

爸爸，那麼多人在那兒，我覺得他們都在看

我。我感到很害怕，如果我作不出禱告，我會顯得很愚蠢。

我不要讓祢失望，爸爸。我不認識那些人；我不太喜歡他們，因為我不認識他們，他們做這做那，我不了解他們，爸爸。但是，爸爸，我希望我可以和他們分享一件事，可以和他們分享所有那些孩子們在陽光下和他們的爸爸在一起的情形。我希望我可以把有關祢的事、有關成為祢兒女的事告訴他們，因為我可以奔向祢，並說：「看，爸爸，我在跑」——我可以直接跑向祢，因為祢又大又強壯，不會被我撞倒。我可以抱住祢的腿、可以握住祢的手，而祢可以將我抱起來轉一圈，即使祢正在和別人談話。如果祢很忙，祢可以把我抱起來；如果祢正在說話，我可以聽祢的聲音。爸爸，我希望我可以告訴他們這一切，但是他們不像祢，並且他們不像祢那樣愛我，他們不會了解的。爸爸，我愛他們並不像我愛祢一樣，因為祢是特別的。我很高興祢是我的爸爸，而我不必有另一個爸爸，因為祢是我所能擁有的最好的爸爸。

基督徒的禱告和其他禱告的第一個差別是：我們可以

稱神為「爸爸」。世界上沒有其他人被容許這麼做、沒有其他人可以這麼做。耶穌教導門徒禱告時，說：「你們禱告要這樣說：『爸爸』〔阿爸父〕……」。米恩所描述的禱告和上面引用的禱告間有極大的差別。前者是孩子氣的禱告，只是和神說話。任何人都可以作這種禱告，不管他們信奉什麼宗教；後者顯示禱告的人明白基督徒的禱告是什麼。不論何時、不論何地，都有人在禱告，但是，**基督徒**的禱告不同於其他人的禱告。

　　幾年前，一個大公教會的團體給我這個建議：「為什麼全人類不要聚集在一起，思考宇宙背後神的力量？我們可以將基督徒和他們的復活節慶祝儀式、佛教徒和他們的慶祝儀式，以及其他的宗教連結在一起。我們可以將他們集結在一起，然後思考宇宙背後神的力量，此舉會將力量釋放到世界上。」不要相信這一套！基督徒的禱告不會和其他宗教的禱告混雜在一起。惟有基督徒可以來到神面前，並說：「爸爸」、「阿爸父」或「我們在天上的父」，或者像小孩般那樣說：「將我抱在祢懷裡，我在這裡跪下來。」

　　宗教和基督信仰之間的基本差異在於基督；其他宗教都沒有基督。因此，「一般」的禱告是沒有基督的禱告。基督徒禱告的中心就是基督。在此，我必須說明五件關於耶穌的事，這是基督徒禱告時所擁有的，且是其他宗教的禱告所沒有的：

1. 基督徒擁有**基督**關於禱告的教導，這是最好的**教導**。
2. 基督徒的禱告有基督的典範，這是我們所能遵循最好的禱告範例。
3. 基督徒的禱告有**基督的寶血在其中**，而耶穌的寶血是最有力的祈求。
4. 基督徒有**基督的代禱**。基督徒在禱告，基督也為他們禱告，因為基督永遠活著為我們代禱。
5. 最後，我們在禱告時，可以使用**基督的名**。這一點是獨一無二的，使基督徒的禱告比其他宗教的禱告擁有更奇妙的特權。

你可以要求更多嗎？這五點讓基督徒的禱告異於其他宗教的禱告，也讓基督徒的洗禮異於其他宗教的潔淨儀式，因為這是奉耶穌的名進行的洗禮。

首先，讓我們討論耶穌的**教導**。任何宗教領袖應該都會教導追隨者如何禱告，而他們以各種方式教導他們禱告。佛陀、穆罕默德和施洗約翰都這樣做。有一天，門徒來問耶穌：我們和祢在一起已經幾個月了，為何到目前為止，祢都沒有教我們禱告？約翰教他的門徒禱告。我們在這件事上需要幫助。祢何時開始教我們禱告？耶穌說：是的，我會教你們。祂的確這樣做了。我相信祂是在等他們向祂提出請求。因此，祂也在等你說：「主，教導我，幫

禱告
的黃金法則

助我，我需要幫助。」當你請求，祂就會開始教你，不過，祂等待祂的學生願意受教。一旦他們請求了，祂就開始教導他們。

耶穌給門徒在禱告上的教導是零散的教導。祂並沒有把這些教導集結成書，沒有針對禱告作一次長長的講道，當然也沒有針對禱告的主題進行一系列的主日黃昏講座。祂所做的就是：從那時候起，在日常生活中不時地給門徒一些提示。

一群人來到以色列參訪，其中一人提到在那兩個星期中，當我們走過加利利，他們已經變成耶穌的門徒了！那一刻，我非常感動，心想那是一種美妙的說法，因為我們發現，雖然沒有安排聚會或崇拜，但我們很自然地談起神的事；很自然地應用耶穌的一個小小教訓，並且從我們所見的事物中提出一個小小的討論對象，就像耶穌教導門徒那樣。或許這是最好的學習方式。我打算將祂好幾個月教導的一些片斷集結起來，讓你來嘗試禱告，並讓你看看整體的教導。祂給門徒許多有關**禱告的方法和內容**的教導。

祂教導他們如何禱告

耶穌說，首先，你必須**誠心**地禱告。這是最困難的事——誠心地禱告（尤其是在禱告會中），並且按著真正的

感覺來禱告。但是，這就是我喜歡前面所引用的孩子般禱告的原因。這個禱告流露出禱告者真正的感覺，是真誠的、誠實的，沒有使用文字形式、沒有說假話。關於這個主題，耶穌所說的第一件事就是：我們應當誠心地禱告。就因為如此，祂教導我們，真正的檢驗標準是當你獨自一人時，你說些什麼。偽善者只在公開場合禱告、只在公開場合說對的話。但是，耶穌教導我們，真正重要的，是你獨自一人時對神說的話──當你沒有禱告的台詞，而別人沒有在聽時，你如何對神說話。

耶穌也教導門徒，禱告要**簡單**。祂說：「不要說太多話！」我相信在禱告會中，最大的問題之一是那些會禱告的人，而不是不會禱告的人，是那些一禱告就沒完沒了的人！我記得在一次禱告會中，一個可愛的弟兄站起來禱告。他站在教會大堂的一個煤氣散熱器的開關上，所以我們開始聞到味道。他滔滔不絕，我在想是否可以拉起他的腳、把開關關掉。然後，當他終於說「阿們」，我們都朝門口衝過去。

耶穌說：「你們禱告，不可像外邦人，用許多重複話，他們以為話多了必蒙垂聽。你們不可效法他們。」然後，祂教導他們一個只有一分鐘長的禱告。祂教導他們，誠心和簡單都是禱告的要訣。簡單的禱告不需要以一大堆話語來包裝──不需要冗長的話、不需要誇耀、不需要贅

飾。我記得戈登・貝利（Gordon Bailey）談到誠心和簡單的禱告時說：「你是否能想像一個拇指卡在門裡的小男孩說：『噢，爸爸，趕緊來幫助我吧！』？」你無法想像這件事。我們和主談話時，應該像我們和地上的父親談話時那樣，誠心而簡單地和祂說話。

我們必須**謙卑**地禱告。耶穌談到兩個人去禱告，其中一個人有一段很愉快的禱告時間——**對自己**禱告。就因為如此，他認為這是一個很好的禱告。禱告時，他不斷地使用代表個人的「我」。他站在前面，說：「主，謝謝祢，因為我不像別人；我一週禁食兩次，並且將我所得的十分之一奉獻給祢。」耶穌說，他有一段很愉快的禱告時間（對自己禱告），而他的禱告就只能到達這個程度。這個禱告出自他的頭腦、進入他的心裡，而他對此感到很滿意。然而，在他背後的是一個破碎的人，這人捶打自己的胸脯，並說：「神憐憫我這個罪人。」耶穌說，能夠來到神面前的，就是這個人。

堅持不懈地禱告。撐住；持續敲門。這不是指作很長的禱告，而是指經常地禱告。持續地求，直至你通過考驗，而你的禱告得到回應。

迫切地求。要儆醒，有時需要禁食。耶穌所關注的不是禱告的長度，而是禱告的深度。

以**仁慈之心**禱告。如果你不願意向別人顯明神的愛，

你怎能求神向你顯明他的愛？如果你不願意饒恕別人，你怎能求神饒恕你？這是行不通的。電路沒有銜接，電流就無法流通。惟有當你向你的弟兄伸出手，神的大能和愛才能湧進你的生命裡。

同心合意地禱告。當兩、三個人在地上同心合意地禱告，神必垂聽，並將你們所求的賜給你們。請求別人和我們一起為同一件事禱告，這樣的禱告不會是空頭支票。

祂教導他們該為什麼禱告

耶穌教導門徒為別人禱告。有趣的是，祂指出我們應該為哪四種人禱告，而且說來奇怪，我們常常忘了為他們禱告。我們倒沒有經常忘記第一種人：耶穌教導門徒為病人禱告，因為禱告是一個醫治的力量。但是，祂也教導他們為那些被鬼附的禱告，為那些被邪惡力量轄制的人禱告。你是否為這樣的人禱告？第三，祂教導門徒為宣教士禱告，為那些在禾場裡收割的工人禱告。第四，祂說：「為你的仇敵禱告。」你多常為你的仇敵禱告？耶穌尤其要你為這些人禱告，而祂自己在十字架上樹立了一個完美的榜樣：「父啊！赦免他們；因為他們所做的，他們不曉得。」司提反是聖經所記載第一個為仇敵禱告的人──他們拿石頭砸他，但他為他們禱告。耶穌也教導我們為自己

禱告。你有需要，你應該為實際的事物（例如日常的飲食和衣服）禱告；你應該為神的饒恕禱告，這是你日常的需要之一；你應該為神的引導禱告；應該在受到試探時禱告；應該為聖靈的大能禱告。這些都是你應該為自己禱告的事物。我不知道耶穌是否曾經要我們為安全、舒適或親人禱告，雖然我看不出我們有理由不該這麼做。我只是指出祂叫我們為哪些事禱告，我們務必要將這些事項納入禱告裡。

耶穌也教導門徒為神的事禱告。有些事是神想要的，例如祂希望我們尊祂的名為聖；希望祂的旨意得以成就；希望祂的國降臨。為這些事禱告。你可以根據主的教導，列出我們應該在禱告中為自己、為別人、為神祈求的事項。如此，你已經有了一張洋洋灑灑的禱告清單。在基督徒的禱告中，我們所擁有的第一樣東西就是耶穌的教導。我建議你把新約裡有關耶穌的教導讀一遍，並以同一種顏色的筆劃出祂針對禱告所說的話，如此，你會學習到許多有關禱告的事。

在基督徒的禱告中，我們不只有耶穌的**教導**，也有耶穌給我們的**範例**。祂實踐祂所傳講的真理。我不確定我喜歡「範例」二字，因為我不認為耶穌的禱告是為了給我們一個範例。我認為祂之所以禱告，是因為祂需要禱告。但是，耶穌給了我們一個極佳的範例。因此，我查看耶穌的生命，看看是否可以找到一個模式，而我發現，耶穌的禱告生活並沒

有**模式**可言。祂的一個模式就是按照習俗，在每個安息日去會堂。但是聖經沒有說，祂按照習俗在一天當中的什麼時刻禱告。我開始問：祂何時禱告？而我發現，在某些時候，耶穌會禱告。以下就是耶穌禱告的時刻。

當祂遇見重大的衝突或者必須作決定的時刻，祂禱告。當祂必須揀選十二使徒，祂徹夜為這件事禱告。但這不意味著祂每一晚禱告或者通宵禱告，而是意味著當祂必須作出重大抉擇，祂就禱告。我發現在祂生命中的每一個危機時刻和重大時刻，祂都會禱告：在受洗時、在改變形像時、在被釘十字架之前，祂都禱告。

我也注意到，當祂有強烈的情緒時，祂總是禱告，不管這是指祂極其高興、極其憂傷、極其興奮、極其憤怒、或極其痛苦。每當祂有情緒時（不管是哪一種情緒），祂就禱告。這些情緒是非常好的提醒，告訴你應該開始禱告了——當你有強烈的情緒，求神幫助你好好處理。你是否記得有一次，當門徒從外面回來時，他們告訴耶穌：「主啊，因祢的名，就是鬼也服了我們？」耶穌非常興奮、非常激動、非常高興，但是，祂很快就將這樣的喜樂變成禱告：「父啊，天地的主，我感謝祢！因為祢將這些事向聰明通達人就藏起來，向嬰孩就顯出來。」耶穌太高興了，所以祂必須禱告。

所以，耶穌學習藉著禱告控制自己的情緒；學習藉著

禱告的黃金法則

禱告將祂的感覺直接交給神。這是我們可以遵循的模式，不論我們處於高潮或低潮。

接下來，我注意到，當耶穌身處人群中、或者非常忙碌時，祂尤其會禱告。當祂被許多事情壓得喘不過氣來，祂會把握時間禱告。

然後，我注意到，當祂即將行神蹟時；當祂面對一個極大的需要時；當祂知道能力就要從祂身上出去、祂需要天上資源的供應時，祂幾乎總是會禱告。祂在處理一個情況之前，會先禱告。

我是否給你一個模式？這不是一個固定的「鬧鐘」型模式，而是和真實需要、真實情況、真實情感有關的真實禱告，是一種生活方式，而這就是我在祂生命中所發現的。要操練如何與神同在，而不是精通例行方式。有時候，祂一大早起來禱告；有時候，祂在深夜禱告；有時候，祂整晚禱告。但是，祂的禱告與生命有關，而且是完全真實的。

如果我問：「祂在哪裡禱告？」我發現只要可能，祂總是遠離人群。由於耶穌沒有自己的家、沒有自己的臥室，所以，祂屢次使用廣大的戶外空間。如果你的問題之一是你和家人住在一起，或者你和別人同住一間公寓，而你沒有獨處的時間，那麼你不妨和耶穌一起到外面散步。和祂一樣，離開人群。

聖經上說，耶穌在道成肉身的日子，以呼喊和眼淚獻上禱告和祈求，而神因著祂敬畏的態度垂聽了祂的呼求。

耶穌為什麼禱告？祂為了別人禱告。祂說：「主，我為他們祈求，讓他們可以相信這是祢的作為，相信這是為了祢的榮耀。」祂也說：「我為你們祈求。」但是最重要的，我相信耶穌為祂自己禱告。如果連祂都需要禱告，那麼，只有那些魯莽、輕率的人才會認為自己不需要禱告。所以，耶穌禱告。但是，祂在何處禱告？何時禱告？為什麼禱告？這些問題的答案都在聖經裡。我建議你讀讀祂在約翰福音第十七章裡的禱告。那是你所聽過最不尋常的禱告，而且它是我們所能讀到耶穌所作惟一完整的禱告。祂只關心兩件事：祂父的榮耀，以及追隨祂之人成長。這是多麼不尋常的禱告！這禱告中有許多的請求，六十年後，有個人將這禱告寫了下來，他清楚記得耶穌為祂父的榮耀和跟隨者的成長所作禱告的每一個字（這是兩個很好的禱告事項）。

我們不只有耶穌給我們的**教導**，也有耶穌給我們的**範例**。但是第三，當我們禱告時，我們有耶穌的**寶血**，而我們多麼需要耶穌的寶血！讓我給你一個簡單的說明。有時候，我會去處理我的車子，我喜歡以我的雙手摸摸弄弄。對我而言，做這種事具有極大的治療效果。我把自己搞得油膩膩、髒兮兮，然後，我突然發現我需要一些螺栓和自削螺絲。所以，我該怎麼辦？我敲敲廚房的門，說：「你

要不要去店裡買東西？」

「怎麼了？」

「我這個樣子不能出去。我得花許多時間洗掉這些油污，才能出門。我全身髒兮兮，不好意思跑到店裡買我要的東西。」這是一個簡單又有點愚蠢的小小說明。你是否曾經停下來思考一件事：你不配向神求任何東西，因為你一團糟或者髒兮兮？你要如何去到祂面前，向祂禱告？**誰能登耶和華的山？就是手潔心清的人。**我如何登耶和華的山？只有一個簡單的方法。有人稱這節經文為基督徒的肥皂：**耶穌的寶血洗淨一切罪孽。**因此，當你禱告，以耶穌的寶血洗淨你的手和你的心，好嗎？

有一位退休軍官，在他讀聖經之前，他總是會先去浴室洗手。我覺得這件事很感人，雖然我不會建議你去仿效他。他這樣做是出於一份渴望：先潔淨自己，才來到神面前。這是一件簡單的事：你有耶穌的寶血，你可以大膽直接來到神面前。即使滿身污穢，你仍然可以直接宣告你擁有耶穌的寶血，而且你確實可以乾乾淨淨地來到神面前。只要你認罪，神是公義的，祂會赦免你的罪，而耶穌的寶血會潔淨你。所以，你可以乾乾淨淨地來到神面前。

不僅如此，你進入的是一個存在著邪惡的領域。你以禱告進入屬天的領域，但許多人不明白的是：撒但並不是在下面的地獄裡，而是在天空。以弗所書第六章告訴我們

這一點。一旦進入天空的領域，你會察覺那裡的邪惡勢力，而你將進入爭戰——因為禱告就是進入爭戰的前線。你該怎麼辦？耶穌的寶血就在這時候再度派上用場，因為沒有一種力量比耶穌的寶血更能抵擋邪惡，沒有一種力量比宣告耶穌的寶血更能讓邪惡不近身。因此，當你禱告、當你經歷爭戰時，你有耶穌的寶血潔淨你，也有耶穌的寶血保守你不受邪惡勢力的攻擊。其他宗教無法為你提供這些，因為它們都沒有耶穌的寶血。

第四，你有耶穌的**代禱**。在耶穌升天日，我們記得一件最不可思議的事。有人告訴我，而且百科全書有記載，尤里·加加林（Yuri Gagarin）是第一個進入太空的人。這真是胡說八道！以諾才可能是第一個進入太空的人；以利亞當然也進入太空了，而尤里·加加林從來沒有進入太空。他必須以一些地球上的東西把自己包裹起來，也必須帶著足夠的地球上空氣和食物，才能去到那裡。

但我告訴你，耶穌基督在升天時，不費吹灰之力就踏入太空（我曾經站在橄欖山上祂升天的地方），這件事就和我此刻的寫作一樣容易。而且，祂直接進入太空、直接進入最高天，然後祂坐在宇宙的控制室裡——祂就是坐在這個地方。在這裡，除了控制一切發生的事、除了掌管所有的政府、除了擁有祂父賜給祂的天上和地下一切的權柄和能力之外，祂還做些什麼？祂為你禱告——如果沒有人

爲你禱告，祂會爲你禱告。這是不是讓你感到很興奮？當你
禱告時，你正加入祂的禱告，而祂一直在禱告，一直在爲你
代求。當祂在地上時，祂已經這麼做了。祂說：「西門，西
門，我祈求不讓撒但得著你。」你認爲耶穌回到天上後，會
停止爲西門禱告嗎？絕不會！祂會繼續禱告。由於祂總是爲
人代禱，所以，永遠都有人爲你禱告，不要覺得你被遺忘。
如果你是一個基督徒，那麼，基督正在爲你代禱。祂並沒有
忘記祂的任何一個跟隨者，而我們可以如此宣告。

　　在此，我們必須注意兩件事。首先是耶穌的憐憫，祂
帶著極大的憐憫禱告。爲什麼？因爲不論過去或現在，祂都
是一個人。一位信奉羅馬天主教的可愛女士來參加我們的一
堂聚會。我們聊起來，我對她說：「爲什麼你向馬利亞禱
告？」她簡單而誠懇地說：「因爲她是人。」但是，耶穌也
是人，而且祂了解你。當你只強調耶穌的神性，忘了祂現有
的人性（基督徒經常忘記這一點），爲了感受到你的禱告被
了解，你必須到處尋找天上的某個人來聽你禱告。

　　我不向馬利亞禱告，我不需要這麼做。我向耶穌禱
告；祂是人，而祂了解我。祂曾經和我一樣受過試探，而
且祂有極大的憐憫。

　　我的一個朋友曾在澳洲的一間衛理公會帶領一個聚
會。聚會結束時，他邀請任何有需要的人到前面來，跪在
聖餐台的圍欄旁，求耶穌供應他們所需的一切。一個穿著

黑白兩色修女服的小修女來到前面，而她所求的是：「主耶穌，以祢的聖靈充滿我，如果祢不這樣做，我會向祢母親告狀。」這就是禱告！我可以告訴你，耶穌再也不會讓她向祂的母親禱告。所以，祂立即回應她的禱告，當場以聖靈大大充滿了她。

耶穌滿有憐憫，你不需要天上其他人、不需要聖徒、不需要任何人。你有一位大祭司，祂知道我們的軟弱，了解我們所經歷的一切，因為祂曾經歷那一切、也曾經歷你可能面對最壞的事。擁有一位憐憫我們、為我們代求的大祭司是何等的特權！祂可以說就在我們身邊；但是，祂也在神的身邊。神和人之間只有一位中保，亦即作為人的基督耶穌。而此刻，宇宙的控制室裡有個人正在為我們代禱，那就是耶穌基督。

「凡靠著祂進到神面前的人，祂都能拯救到底；因為祂是長遠活著，替他們祈求。」（希伯來書七章25節）

「……有基督耶穌已經死了，而且從死裡復活，現今在神的右邊，也替我們祈求。」（羅馬書八章34節）

禱告的黃金法則

「……若有人犯罪，在父那裡我們有一位中保，
就是那義者耶穌基督。」（約翰一書二章1節）

新約的每一位作者都提到這件事。有一首詩歌叫作
「被釘十字架的耶穌替我求」（Jesus the crucified pleads
for me）。這首歌的歌名完全說明了這一點。這是多麼美
妙的一首詩歌。

基督徒的禱告裡還有一樣東西是其他宗教的禱告所沒
有的。在歷史上的一個夜晚，所有的禱告都改變了。那是
在耶穌受死前的晚上。那一晚，祂五次談到一件有關禱告
的事，而這件事改變了幾百萬人的禱告方式。在耶穌進行
公開服事的那三年，祂從來沒有談到這件事。祂說：

「你們奉我的名無論求什麼，我必成就，叫父因
兒子得榮耀。你們若奉我的名求什麼，我必成
就。」（約翰福音十四章13～14節）

「你們若常在我裡面，我的話也常在你們裡面，
凡你們所願意的，祈求，就給你們成就。」（約
翰福音十五章7節）

「……我揀選了你們，並且分派你們去結果子，叫

你們的果子常存，使你們奉我的名，無論向父求什麼，祂就賜給你們。」（約翰福音十五章16節）

「到那日，你們什麼也就不問我了。我實實在在地告訴你們，你們若向父求什麼，祂必因我的名賜給你們。向來你們沒有奉我的名求什麼，如今你們求，就必得著，叫你們的喜樂可以滿足。」（約翰福音十六章23～24節）

耶穌曾教導門徒禱告，但神先前從來不曾將這件事告訴他們。在祂受死前的那個晚上，祂教導門徒，從現在起，他們的禱告生活中將出現新的東西。祂是什麼意思？唉，我們以為祂所做的，就是給我們一些有黏膠的標籤，其上有耶穌的名字、或者有這些話：「奉我們主耶穌基督的名。」如此，每一次禱告後，我們可以將這個標籤貼上去，然後，禱告就到達神面前了——就像包裹上的一個戳記。這並不是耶穌的意思！

我想我所能提供最好的解釋，就是告訴你一個名字的兩種普遍用法，我認為這樣做可以幫助你了解。首先，想像我將我的支票簿拿到你面前，如果我當下為你開一張支票，這張支票不會被退票。除非那張紙上有某個名字，否則那是一張毫無價值的紙。我要你另外想像兩件事：首先，我要你

想像我的名下有一個透支的帳戶，而銀行經理寄給我一封通知信函──我的透支額過大，所以從現在起，帳戶結束了。你可以使用我的名字；我可以寫一張支票，可以給你一張支票，但是，這張支票無法兌現。這件事有賴於名字背後的信用，不是嗎？假如目前我的信用狀況良好，當我得知你的需要，事實上，我可以說：「好，我會給你一張支票；我會在支票上簽名，你可以填上數字，拿去吧！你會拿到錢、會脫離困境。」如果一張支票上缺少一個有信用的名字，那張支票就完全沒有價值。

現在，我要你將這件事應用在天上的銀行。很簡單，在天上的銀行除了耶穌的名字外，沒有一個名字有可用餘額，沒有其他人有信用，其他人在天上都有赤字差額。「免我們的債。」你欠神的債。你從神那兒領受的恩慈多於祂從你身上得到的。所以，以你的名字所作的禱告不會到達神那兒，因為透支額已經被提取了，你的名字被刪除了。但是，有個人的信用很好：一切都屬於耶穌，一切！一切都在祂的名下；一切都要歸於祂的榮耀；銀子和金子是祂的；所有山上的牲口都是祂的，而祂的「信用」很好。「如果你奉我的名求」（換句話說，就是有了我的簽名），你所求的不會被退票。我在天上銀行的信用很好，而天上的銀行就是財寶所在之地。如果你奉我的名求，你會得到你所求的。這是一個驚人的應許！這是否意味著耶

穌已經給我一本空白支票簿，而所有的支票都有祂的簽名或者都被蓋上祂的名字，所以，我只要填上我所要的，支票就可以兌現？不，不是這個意思，這件事不是這樣運作的，如果你嘗試這麼做，你會發現行不通。

許多年前，在舊蘇聯（USSR）政權的最後幾年，一個名叫邁可‧艾里生（Michael Alison）的國會議員向蘇聯大使館提出一份有三十萬個簽名的請願書。但是，儘管幾乎有一百萬人的三分之一在請願書上簽了名，蘇聯大使館仍然拒絕這份請願書。請願書被拒絕，那三十萬個名字當中，沒有一個名字可以讓大使館接受它。但是，花點時間想像在這份請願書的頂端有個名字——布里茲涅夫（Brezhnev），當時的蘇聯領導人。你不需要其他名字，這個名字就足以讓蘇聯大使館接受這份請願書！耶穌的名字不是一個已經出現在空白支票上的簽名；你必須為了你的請願書尋求耶穌的簽名。

那麼，奉耶穌的名禱告是什麼意思？就是帶著一份請願書來到耶穌面前說：「耶穌，祢願意在請願書上簽名嗎？」你的請願書上只需要一個名字，就可以被接受。但是，這必須是一份耶穌樂意簽名的請願書。當這份有耶穌簽名的請願書送到祂父的面前，你就不需要其他的名字。「你們奉我的名無論求什麼」——你是否能夠讓耶穌在你的請願書上簽名？

　　有些請願書無法得到耶穌的簽名。雅各和約翰是一對漁夫兄弟。他們想要向神呈上一份請願書，所以他們請耶穌在請願書上簽名。他們說：「當神的國降臨，我們想要兩個大位；一個在祢右邊，一個在祢左邊。」耶穌無法在這個請願書上簽名，然後將它交給神。所以，他們無法奉祂的名禱告，也無法將他們的請願書送到神那兒。因此，**奉祂的名**禱告就是停下來問：「耶穌，祢是否可以在我的請求上簽名？祢是否願意將祢的名字放在這份請願書上？惟有祢的名字可以讓神接受這份請願書。」耶穌教導我們：「如果你可以得到我的簽名，你就會得著你所求的。」

　　這就是基督徒禱告的問題和特權。如果你的請願書得到耶穌的簽名，你會得著你所求的。有許多請願書是祂樂意簽名的──只要你呈到祂面前。只要你祈求，祂樂意將許多禱告轉達給神。然而，祂會針對另外一些禱告說：「我不能簽名。」有一次，祂自己很想提出一份請願書，然後，祂明白祂不能在這份請願書上簽名。祂說：「阿爸！父啊！在祢凡事都能；求祢將這杯撤去。」然後，祂明白祂不能將祂的名字放在這個禱告上，所以，祂塗掉這個名字，然後作另一個禱告：「然而，不要從我的意思，只要從祢的意思。」祂在這個禱告上簽名，而神回應了這個禱告，透過耶穌成就祂的旨意。

　　我們奉耶穌的名禱告，但這不是一個橡皮圖章。天父

無法拒絕請願書上耶穌的簽名。因此，我們透過耶穌向天父禱告。曾經有人對我說：「但是，如果我透過耶穌向父神禱告，我覺得自己和神隔得更遠了。」事實恰恰相反！如果你透過耶穌禱告，你會覺得自己比沒有奉耶穌的名禱告更加親近神。為什麼？因為耶穌**就是**神。就因為如此，你可以向耶穌禱告，人們也可以向祂禱告並敬拜祂，而祂會接受他們的敬拜，因為祂就是神。因此，當我透過耶穌禱告，我不只透過一個有憐憫心腸的人禱告，也是透過神的兒子禱告，並且是向神禱告。

　　所以，基督徒的禱告是透過耶穌向天父禱告；它使用一個名字，使用血，使用代求，使用教導，使用一個範例；它是一種具有**基督特質**的禱告。基督是這種禱告的核心。因此，我可以來到神面前，說：「父神，祢是耶穌的父，透過耶穌，祢也是我的父。」因為除非靠著耶穌，沒有人能夠來到父面前。透過耶穌，我來到父神面前，我和父神交通。有些人說：「我很難將神形像化，很難想像神的樣子。我知道你教導我們叫祂爸爸，但是，我看不到祂的臉。我該怎麼辦？」這個問題的答案是：先和耶穌說話。求耶穌將你介紹給祂的父，然後看看會發生什麼事。一開始不要呼求「神」，而要先呼求「耶穌」。然後，你要說：「耶穌，可不可以將我帶到祢的父那兒？可不可以在這個請求上簽名？」

3

在聖靈裡禱告

聖經從來沒有說，禱告是一件容易的事，因為我們並非天生就會禱告。遇到緊急狀況時，我們自然會禱告；但在日常生活中，如果事情很順利，禱告就不會是件自然的事，因為禱告與肉體的傾向背道而馳。一節相關的經文是：「**我們本不曉得當怎樣禱告……。**」我們嘗試，但我們明白我們所知不多。當然，如果你沒有嘗試，也許你以為你會禱告，但如果你嘗試了，你將明白你不會禱告。我們需要幫助。在耶穌道成肉身的日子，人們可以直接到耶穌面前求助。他們可以說：「主，教導我們禱告；我們需要幫助。」當耶穌離開地上，祂說：「我離開

對你們反而更好，因爲聖靈會來取代我，祂比我更能幫助你們。」祂差遣聖靈，而聖靈所做的事情之一，就是在你遇到最大的需要（禱告的需要）時幫助你。**我們本不曉得當怎樣禱告。**但是接下來，這節經文說，**我們的軟弱有聖靈幫助。**還有什麼比這件事更令人開心？

你是否明白神不要你苦苦掙扎，祂想要幫助你？父神想要藉著隨時聽你禱告來幫助你，而神子想要藉著隨時爲你禱告、並在你的請願書上簽名來幫助你。不只如此，聖靈也想要藉著讓你開始禱告來幫助你。有了聖靈在你裡面禱告；有了耶穌等著接住這個禱告並將它轉達給神；有了父神等著收到這個禱告，你還有什麼幫助不能祈求？如果基督徒懂得善加利用，他們想要什麼幫助，就可以得到什麼幫助。

我們使用的介係詞非常重要：我們「**向**」父禱告（pray *to* the Father）；「**透過**」子禱告（pray *through* the Son）；「**在**」聖靈「**裡**」禱告（pray *in* the Spirit）；爲「**抵擋**」魔鬼而禱告（pray *against* the devil）；「**和**」聖徒一起禱告（pray *with* the saints）；「**獨自**」一人禱告（pray *by* ourselves）。

我們如何在聖靈裡禱告？以下是另外兩處相關的經文。在以弗所書六章18節，緊跟在有關神所賜全副軍裝的經文之後，我們讀到：**靠著聖靈，隨時多方禱告祈求。**這

不只是禱告，而是除了禱告和祈求外，還有另一件事。所以，除了「多方禱告、祈求」，還必須**靠著聖靈**。在你的禱告生活中，也許你頂多只能做到多方禱告和祈求，但是現在，我們談到這個新元素：在聖靈裡多方禱告。換句話說，你要在其他的禱告中加入這個新元素。對今日的光景而言，簡單卻發人深省的猶大書有著重大的意義，而這卷書也談到「在聖靈裡禱告」。事實上，在聖靈裡禱告比在臥室、教會或其他地方禱告更重要。最好的禱告地方就是在聖靈裡。不論你在哪裡；不拘是在辦公室、車子裡或其他地方，你隨時可以進入聖靈裡。這是禱告的領域。你在哪棟建築物裡並不重要，但在哪個領域很重要；在聖靈裡禱告很重要。

我提到了許多我們禱告時所遇見的困難：我們很難和一位看不到、聽不見、摸不著的神談話；當我們覺得來到神面前了，往往不知道該說些什麼；我們祈求的，也許不是我們真正需要的，甚至可能對我們有害；此外，還有無法專心的問題。你可以列出一大堆問題，但最基本的問題之一，就是知道該禱告什麼。當耶穌的門徒說：「主，教導我們禱告，」他們是說：「主，教導我們禱告時該說些什麼。能不能給我們一個禱告的形式？能不能給我們一篇完整的禱告？因為當我們來到神面前，我們往往不知道該說些什麼，往往不清楚如何用字遣詞。」耶穌的主禱文就

是對這個要求的回應。

我們該說些什麼？在中東，即使你知道該說些什麼，當你想要寫一封信，你必須去街上找一個矮個子的傢伙，一個帶著一支筆和一個黃銅墨水台坐在街角的有趣傢伙，一個「寫信人」。這人有信紙、手拿一支筆，你在一旁對他口述，他把你的話寫下來。寫信人說，也許你無法表達你想說的話，所以，你告訴我你想說些什麼，我幫你把這些話寫下來、幫你把信寄出去。如果我可以這麼說，聖靈就是神的「寫信人」。祂將我們想說但說不出、或無法表達的話寫下來，並寄出去。我們隨時有一個內建的「寫信人」，這倒是一件很不錯的事。

在聖靈裡禱告有兩個不同的層面，我將嘗試爲你定義這兩個層面。有一種在聖靈裡的禱告，是指聖靈接管你的思想並賜給你正確的想法，然後，你有責任將這些想法表達出來。這是一種在聖靈裡的禱告——你在禱告中將聖靈放在你腦海裡的想法說出來。另一種在聖靈裡的禱告，是指聖靈沒有使用你的思想，而是接管你的口，而你有責任動你的口和舌頭。但是，在這種情況下，你的合作僅僅是指使用你的口。因此，在第一種情況中，聖靈在你的思想裡動工，而你的責任是「將腦海裡的想法轉換到口裡」；在第二種情況中，你的責任就是忘記腦海裡的想法，讓聖靈掌管、使用你的口。對某些人而言，第二種禱告很困

難，然而一旦學會了，那是一種非常美妙的禱告。這兩種
禱告都是在聖靈裡禱告。如果沒有在聖靈裡禱告，你的禱
告只是在告訴神你想要什麼，或者在某種情況下你需要什
麼——這種禱告是出自你的頭腦**和**你的口。你可以透過耶
穌將禱告獻給父神，但在上述這兩種情況下，如果你是在
聖靈裡禱告，聖靈會賜給你正確的想法，讓你將這些想法
表達出來；或者聖靈會越過你的思想，將你真正該說的話
賜給你。聖靈沒有**為**你禱告，聖經說，我們的軟弱有聖靈
幫助；聖經沒有說，聖靈將接管我們的禱告，將為我們禱
告。

　　關於在聖靈裡禱告，許多人有一個大問題。一位可愛
的女士告訴我：「我一直求神賜給我以另一種語言禱告的
恩賜。」我回答：「你怎麼做？」她說：「我跪在床邊不
斷地求，然後我張開口，等待事情發生，但什麼也沒發
生。」我們不會感到意外。如果你以這種方式禱告，你會
明白為什麼看不到任何結果。聖靈沒有**為**我們禱告，聖靈
是**幫助**我們。事實上，聖靈**和我們一起**禱告。如果我們想
要在聖靈裡禱告，就必須和聖靈合作。羅馬書第八章說，
我們本不知道應當怎樣禱告，但是，我們的軟弱有聖靈幫
助。這一章的希臘原文所使用的介系詞告訴我們，聖靈沒
有幫助我們**脫離**軟弱，而是在我們的**軟弱中**幫助我們，或
者幫助我們勝過軟弱。這是聖靈所扮演的一個令人欣喜的

角色。

現在，讓我們來討論聖靈對思想的影響。我稱此為悟性禱告（mental prayer）——你的腦子裡充滿了有意識的想法，這些想法是聖靈以某種方式（不管是透過一個印象、一個負擔、一個記憶或者透過環境）放在你的心裡，是主自己或者聖靈將這些想法放在你的思想裡，好讓你為此禱告。當你不知道該為什麼禱告，何不求問聖靈？當你知道某人有需要，而你不知道這個需要是什麼，何不求問聖靈？你會訝異於有多少次，聖靈可以將有關某人準確無誤的想法放入你心裡，而它可能並不是那人最顯著的需要。

當你以悟性方式在聖靈裡禱告，你的頭腦投入了，你的思想是活躍的。聖靈不只幫助我們的思想，也幫助我們的意志。如此，我們的整個人都變甦醒過來了。這裡有三個問題。第一個問題是：我心裡沒有禱告的強烈慾望。老實說，我們真正想做的事，往往就會去做。如果你真的想做一件事，你通常會想辦法去做它。因此，我的第一個問題是我的心：顯然我不是真的想要禱告。第二個問題是我的思想：東想西想，無法專心——試著不去想昨天的美式足球賽！第三個問題是我的意志——完全是紀律的問題。我可以拼命努力激發渴望和感覺；可以拼命努力保持我的想法在正確的方向；我可以拼命努力訓練我的意志，但是，這種渴望、方向和決心並不是輕易就可獲得，你必須

禱告
的黃金法則

有堅強的性格才能得著它們。

就是在這個時候，聖靈說：讓我在這三個領域幫助你；讓我賜給你禱告的熱情；讓我賜給你禱告的洞察力；讓我賜給你禱告的持續力。你是否曾經想過要祈求這三件事？「主，賜給我禱告的熱情，讓我的心想要禱告；賜給我洞察力，讓我的心知道該求些什麼；賜給我持續力，讓我持續祈求、直到得著。」聖靈想要處理的是你的整個人，祂想要在這三方面幫助你。

當某人在聖靈裡禱告，你總是看得出來（即使此人的頭腦正在努力思考），因為有三件事會顯現出來：首先，父神的旨意會顯現出來——因為我們的軟弱有聖靈幫助，聖靈會按照父神的旨意和我們一起禱告。在此，我們注意到一件非常重要的事：不要把「如果這是祢的旨意」添加在禱告裡，當成一個附錄、或者禱告結尾的掩飾條款。我們應該明白神的旨意，並按著神的旨意禱告。如果你在聖靈裡禱告，你會知道神的旨意。聖靈按照父神的旨意來禱告，當聖靈在你禱告時幫助你思想，你心裡會明白父神的旨意——你會印證祂的旨意。這旨意是善良、純全、可喜悅的。

其次，如果聖靈在你的悟性禱告裡，那麼耶穌的榮耀也將在其中。耶穌說：「祂要榮耀我。」你會發現，如果一個人在聖靈裡禱告，這人的思想會**高舉主耶穌**。這是聖

靈對那些在祂裡面禱告之人的想法，所作的另一個改變。

聖靈所做的第三件事是：當一個人在聖靈裡禱告，出現在這人禱告裡的，不會是一些適於引用的至理名言，而是來自聖經的話，因為聖靈是聖經的作者。聖靈從來不會自相矛盾，祂會在那些在聖靈裡禱告的人裡面，不斷地從真理的腰袋裡拔出聖靈的寶劍。

現在，你是否看得出非信徒的禱告（不管多麼虔誠）和在聖靈裡的禱告之間的差別？當非信徒覺得自己需要什麼、或者想要什麼，他們會禱告，他們會對神說話，甚至也會說：「奉我們主耶穌基督的名禱告」，以及「如果這是祢的旨意」。然而，在聖靈裡禱告的人會明白父的旨意、子的榮耀，以及聖經的真理。聖靈會將這三個重點帶入禱告裡。

所以，這就是聖靈想在悟性層面上幫助你的：祂要在禱告時引導你的心思意念；祂要讓你的心渴望禱告；祂要賜給你洞察力、讓你明白神的旨意；祂要賜給你決心，讓你能持續祈求，直到得著；祂要引導你高舉耶穌，從聖經汲取真理並尋求神的旨意。這一切都符合在聖靈裡禱告的模式。這意味著我在心裡回應聖靈，對聖靈敞開自己；這意味著我在心裡面聆聽，領受聖靈對我說的話。因此，禱告不是變成**我的**悟性禱告，而是變成神按著祂的想法在禱告，在我將禱告表達出來之前，我的思想已跟隨聖靈的想

法。這是在聖靈裡禱告的一種形式，你可以在禱告會辨識出這種禱告，也可以在教會辨識出這種禱告。

　　今日有更多基督徒認識另一種在聖靈裡的禱告。如保羅所說，在這種禱告中，「悟性沒有果效」，或就字面而言，是指悟性「沒有效益」。換句話說，在這種聖靈裡的禱告中，完全沒有思考的成分。聖靈在另一個層面上接管；聖靈接管我們的口，以一種美妙的方式禱告出來，並不是你自己想出來的禱告。有時候，當你禱告時，如果你不必思考如何禱告，不必苦苦尋求聖靈的想法，你會覺得非常輕鬆——尤其是當你感到非常疲憊、很難認真思考的時候。

　　當你忙著做其他事情，而你的心思必須專注於其他地方時，這種禱告顯得非常有用。舉例來說，當你開車時，如果你操練我上述所討論的禱告將會非常危險，因為你的心思可能應該於交通——你需要這麼做！如果你邊開車邊作悟性的禱告，嘗試讓聖靈的想法進入腦子裡，你會變成一個危險駕駛，和酒醉駕車一樣的危險！但是，你可以在聖靈裡作這種禱告，作這種只需要動口而不會讓你無法專心開車的禱告。你可以一邊禱告，一邊安穩地開車、或者洗東西、或者做另一個工作。當你不知該如何禱告、或完全不知該說些什麼，你也可以作這種禱告。我認為神真是可愛、真是仁慈，才會想到在禱告中給我們這種幫助。這

眞是一件美妙的事。

一種沒有經過大腦的禱告聽起來像什麼？對你來說，有些在聖靈裡的禱告聽起來像呻吟。讓我們回想羅馬書第八章：「**況且我們的軟弱有聖靈幫助，我們本不曉得當怎樣禱告。**」這是什麼禱告形式？結果是什麼？是**說不出來的歎息**。被譯成「說」的希臘原文不是指聲響，不是指「發出聲來」，而是指**將某些東西轉變成話語**。在五旬節那一天，他們都被聖靈充滿，當聖靈給他們話語，他們都開始說起別國的話來。話是指「話語的形式」。這不意味著聖靈直接使用他們的喉頭（這是他們的責任），而是指聖靈引導他們的舌頭和口，將聲音轉換成話語。的確，這就是這種禱告的祕訣：你發出聲音，而聖靈引導這聲音。但是，保羅談到「說不出來的歎息（譯注：原文是groan，即呻吟）。有時候，聖靈讓你能夠以一種無法變成言語的呻吟來禱告，它既不是你自己的語言，也不是其他的語言，而是純粹的呻吟，而且它是一種禱告、一種有力的禱告。我不知你是否曾經作過這種只是呻吟的禱告。把聖經查看一遍，看看主有多常聽見人們作這種的禱告。

如果你曾遇過地震，你會聽見土地和岩石在呻吟。歷史即將結束時，會有愈來愈多的地震。羅馬書第八章提到我們那說不出來的呻吟，也提到一切受造之物都在呻吟（譯注：和合本聖經譯作「歎息」）。有一些呻吟是來自

大自然本身，因為它正在等待神救贖整個自然界（包括我們的身體），正在等待一個新天新地。我們必須著眼於大處！你是否已經著眼於大處？

有時候，你內心的渴望、熱情以及負擔是如此深切，而你無法以言語表達出來，甚至聖靈也無法將它們變成言語，因此，聖靈讓你呻吟。這是一種禱告。

聖經裡另一種出自口而不是出自頭腦的禱告形式是歎息。你是否注意到聖經裡的歎息？是否注意到神垂聽歎息？你是否曾經歎息？歎息可能是一種禱告。如果我們將禱告局限在言語的傳達，我們的禱告觀也許就過於狹隘了。

流淚可能是另一種禱告形式。有時候，當你說不出話，而聖靈沒有把你的情感轉換成話語，你所能做的就是哭泣。你是否曾經以這種方式禱告？沒有說話，只是流淚。在中東，當人們遭遇喪親之痛，為他們哭泣的親戚便以小小的玻璃瓶收集眼淚，然後在舉行葬禮時，他們不是送花圈而是送一瓶眼淚。我認為一瓶眼淚比一個花圈更有意義。詩篇作者說：「求祢把我眼淚裝在祢的皮袋裡。」這就是禱告！神有一個接住眼淚的皮袋。聖靈可以帶領我們作許多種甚至沒有說出口、沒有變成話語的禱告——祂沒有將我們的呻吟、流淚、歎息變成話語。

還有其他種類的禱告並沒有經過頭腦，而是發出一個

字或短句。讓我們思考幾個例子。阿爸父是一個例子。你是否曾經這樣大喊？「不，爹地」──這是英文的譯法。你是否曾經確實地聽見自己呼叫「阿爸父」？聖經說：「聖靈與我們的心同證我們是神的兒女。」為什麼？因為這是你裡面神兒子的靈，使用你的口以祂最喜歡的方式用亞蘭語稱祂的父為「阿爸父」。就因為如此，每一本英文的聖經譯本都保留了這個原來的亞蘭語稱呼。當你呼叫「阿爸父」而不是呼叫「爹地」，那是耶穌透過你的口呼叫祂自己的父。當你呼叫「阿爸父」，你真的知道你是神的兒女。你「呼叫」阿爸父，當門徒看到耶穌走在水面上，他們嚇呆了，所以他們「呼叫」：這兩處的動詞是同一個，其希臘原文是*krazein*。他們*krazein*-ed！加拉太書第四章告訴我們，當你*krazein*「阿爸父」，你裡面神兒子的靈，也透過你的口以祂原先的語言呼叫祂自己的父親。

另一個突然喊出的話語是*Maranatha*。此字的意思是「來，來，主耶穌，回來，快快回來。」你是否曾在禱告中不假思索地說出這樣的句子？如果你曾這麼說，那是聖靈的作為。

現在，讓我們來討論這件事的重點。聖靈不只可以讓你呻吟，讓你以這種方式、或以歎息、流淚、呼叫（可能以耶穌原先使用的語言），來表達你最深的渴望；聖靈也可以讓你流暢地說出任何祂所知的語言。如果有一個詞語

是我不喜歡的，也是我希望從聖經的每一種譯本中刪除的，那就是「方言」二字。這兩個字讓我想到胡言亂語，這和事實大相逕庭。所以，如果人們聞之怯步，我不會感到訝異。譯者為什麼不使用正確的譯法？我會告訴你為什麼——因為他們不知道這是一種什麼經驗；因為他們只是猜測，而沒有正確地譯出來。這兩個字希臘原文的英文譯法是語言（language），而「語言」有什麼不對？沒什麼不對！因此，每當你看到「方言」二字，你可以把它劃掉，並寫上「語言」二字。如此，你就不會弄錯了。

在五旬節那天，他們同心合意地待在一個地方，且都被聖靈充滿，於是，聖靈讓他們說起其他語言。

魔鬼不喜歡這事，因為牠明白，這會讓人在禱告中得到釋放；也因為牠明白，這種禱告的每一句話都是正確的。就因為如此，牠會盡一切所能地讓人們停止這種禱告，並讓有些人在這種禱告中變得十分狂熱。如此，別人對此會產生反感，而你會敬而遠之，認為你不需要這種禱告；或者這種禱告只適合某些人，你不必費心去尋求這種禱告，也不想作這種禱告。我大力支持使徒保羅的說法：「我願意你們都說方言」。心智能力比別人強的人尤其應該說方言。我希望你們可以了解這是一件簡單的事：將你的口交給聖靈，讓祂透過你禱告並被釋放出來。

在這種禱告中，主為你提供每一句話。當你的孩子還

小，而你的生日到了，你是否曾給他們錢，叫他們買一樣禮物送給你？大多數的父母都曾經這樣做。神說，你可以使用這個禱告向我禱告。惟有準備變成小孩的樣式，並學習像小孩那樣牙牙學語的人，才會領受這個恩賜，但這是一個美好的恩賜。如果有人詆毀這個恩賜，我會提醒他們，它是主賜給祂教會的第一個恩賜。如果你說它是最低等的恩賜，我會說，它是作為起步最好的恩賜，是一個美好的恩賜。他們每天來參加禱告會，相信我，那是一間禱告的教會：一百二十個人每天聚在一起禱告。十天以來，他們每天聚在一起禱告，而且他們也作悟性的禱告。但是，在五旬節那天，他們的禱告從悟性禱告轉變成一種全然不同的禱告。神使用他們的口而非他們的頭腦，並且將祂的靈澆灌下來，而他們得著釋放，大大讚美祂。

這種禱告主要供個人禱告之用。如果你們都會說方言，我會很高興，但我大力支持使徒保羅的看法：「但在教會中，寧可用悟性說五句教導人的話，強如說萬句方言。」在這一點，我堅持聖經的教導，也相信這個恩賜主要是為了幫助我在禱告遇到困難時得到釋放。

這個恩賜可能被濫用，也可能被仿冒。我在紐西蘭曾有一次這樣的經驗：有人在大眾面前展示一項他們以為所擁有的恩賜，結果證明，這項恩賜出自撒但。那是一種毛利人的語言，因為有毛利人在場，他們聽出那是褻瀆和淫

禱告
的黃金法則

穢的話語。也有人仿冒這個恩賜，但是，惟有真實的東西存在時，魔鬼才會仿冒。魔鬼不會費心去仿冒無人擁有的東西。聖經針對在公開場合使用這個恩賜立下嚴格的限制，因為如果我在講道時以另一種語言禱告，除我以外，這麼做對任何人都沒有助益。這種禱告會造就我、釋放我，但是，除非有人翻譯，否則這種禱告對他人沒有任何幫助。即使有人翻譯，它也是一種間接的禱告，最好一次聚會中只有兩人（頂多三人）以這種方式禱告。但是，我想要幫助你在公開場合和私底下禱告，而這是一個絕佳的恩賜。

我讀過許多有關保羅生平的書，我甚至讀過以一整章討論他禱告生活的書，而保羅擁有的是極棒的禱告生活。那些作者從他的書信中，整理出他對禱告的看法，以及他的禱告事項：願神一切所充滿的、充滿他書信的讀者，以及願他們可以證明神的愛是何等長闊高深。然而我發現，保羅經驗中的這種禱告形式被忽略了。令人驚訝的是，他在寫給哥林多教會的一封信中所說的話（這個教會屬於五旬節教派，具備這個教派的一切裝飾和弊病）：「**我感謝神，我說方言比你們眾人還多。**」在此，你找到保羅生命的其中一個祕訣了！他曾經被人拿石頭砸、曾經遭遇船難、曾經被毆打（不止一次被鞭打卅九下），而他如何堅持下去？如何熬下去？如何支撐自己？保羅說，他感謝

神，因為他能夠以這種方式禱告，因為他使用這種禱告方式的次數，多於所有哥林多人使用這種禱告方式的次數總和。在此，你觸摸到他生命最深的祕訣之一。當保羅被毆打、精疲力盡時，他知道他不需動頭腦就可以禱告，他知道神會接管他的禱告。問問你自己，你是否想要這個恩賜？如果你以這種方式獲得釋放，我讚美神。

我聽過一些令人吃驚的說方言事件，例如，某人以一種自己所不知的語言禱告，但以這種語言為母語的外國人聽懂了這人的禱告。

我在會友的訓練課程中敘述了這個真實故事。許多年前，我牧養一間教會，那裡有個執事有顆精明的腦袋，也創立了一個大事業。但是，他不喜歡我，我們相處不來。每年五月或六月，他會生病，會有花粉熱和氣喘病發生；在每一年的那個時候，他會平躺在床上長達六週。有一年，當他又在吃這種苦頭，他要我去探望他。我在一個主日下午去看他，途中，我一直想著雅各書第五章的話：**「你們中間有病了的呢，他就該請教會的長老來；他們可以奉主的名用油抹他，為他禱告。」**

之前，我不曾做過這件事，但我想：嗯，我可以為他做這件事嗎？當我去到他的家、和他談話，他直視我的眼睛，說：「你認為雅各書第五章怎麼樣？」

我說：「啊，我一直在想這處經文。你認為怎麼

樣？」

他說：「你願意這樣做嗎？我星期四必須去瑞士，我的事業有緊急狀況等著我去處理。我已經買了機票，但是，醫生要我平躺在床上兩週。我得出門，你可不可以考慮做那件事？」

我說：「我會考慮，我會好好考慮。」

「你好好考慮吧！」

星期三早上，他的妻子打電話來說：「他要你過來做那件事。」

所以我說：「嗯，我覺得我應該這樣做。」

所以我打電話給其他幾個執事，問他們：「今天，你們可不可以禁食禱告，然後，今晚和我一起去？」

我買了一小瓶橄欖油，但我覺得這樣做有點愚蠢。然後，我獨自進入教會，走上我經常站立的講壇，並跪下來禱告。我無法為那人禱告，我不想幫助他。是出於頭腦的禱告，而我對他有一些錯誤的想法。然後，我不知道是怎麼發生的，雖然我沒有情緒、沒有感覺，也沒有任何的歇斯底里，但我突然開始為那位執事禱告，之前，我從來沒有如此為別人禱告。我不斷地禱告，而我的禱告絕對是誠實的，我知道我以神所希望的方式禱告。但是，我發現我是以一種外國語言在禱告。現在，從我後來所聽見的語言來判斷，我想我當時所說的是中文，當然那是一種我從來

不曾學過也不會去學的語言——但是，神認識這世上的每一種語言，也認識天使的語言（人類和天使都有自己的語言），而我不知道這些語言總共有幾種！當然，如果沒有愛，這些語言沒有任何用處，而在公開場合使用這些語言時，必須將它們翻譯出來。

我看看錶，心想我的錶必定快了一個小時，但其實是一個小時不知不覺地過去了。我仍然沒有「感覺」，但我在禱告。所以我想：嗯，我還有半小時，我要繼續禱告。當然，我又持續說出那個語言，並且我能夠為那個人禱告了。那個感覺既美妙又平和，因為我心裡充滿了平安和寧靜。

所以那一晚，我們去看他，並按手在他身上，將油倒在他頭上。他躺在那兒，臉色蒼白、病懨懨，而我們認罪，能夠把那些不好的東西拿出來是很好的。你知道當我們結束時，發生了什麼事？什麼事也沒發生！他躺在那兒，甚至無法坐起來。這是我的第一個大考驗，我站起來，然後，我記得我注視著他，說：「好，吉米（Jimmy），我們盡力而為了；我們做了一切聖經叫我們做的事了。你還保留明天的機票嗎？」

他回答：「是的。」

我說；「好，我會載你去機場。」我回家，那一晚完全無法入眠。隔天早上，我沒有勇氣打電話給他。我嘗試

禱告
的黃金法則

繼續準備講道內容，但我無法專心。

電話響了，一個聲音說：「你要載我去機場嗎？」

我說：「你還好嗎，吉米？」

「我很好。」

我問：「你去看醫生了？」

他回答：「是的，醫生說我可以出門。我去看了醫生，甚至去剪了頭髮。理髮師說：『對不起，先生，但我想我必須告訴你，你的頭髮有點油膩，要不要洗頭？』」所以，他可以把事情的經過告訴理髮師。

現在，我可以告訴你兩件非常簡單而美妙的事。第一，他再也沒有花粉熱和氣喘的煩惱了。第二，我們現在是最好的朋友（對我而言，這是一件更奇妙的事）。當主告訴我必須去吉爾福德，我感到非常苦惱，覺得自己的根被拔除了。這時候，我第一個去找的人、第一個成為我在這件事上傾訴對象的，就是這位執事。

藉由這件事，我明白神想要幫助我們作一種在聖靈裡的禱告。如果你說：「我一定要以這種方式禱告嗎？」那麼，你問錯了問題。你應該問：「我可以用這種方式禱告嗎？」而不是「我必須以這種方式禱告嗎？」如果你不想這麼做，聖靈不會強迫你。我喜歡聽見人說：「我可以用這種方式禱告嗎？」不幸地，有些人對未知、看似奇怪或不了解的事避之唯恐不及。但是，神所賜的恩賜是美好而

完美的。所以，不要讓魔鬼告訴你，事實並非如此。魔鬼所做的，就是試圖阻止你按照神所希望的方式禱告；為了讓你不作這種禱告，仇敵會告訴你各種奇奇怪怪的故事。

一個實際的問題是：我們如何以這種方式禱告？我可以用兩句話就給你答案，而我現在指的是兩種在聖靈裡的禱告：經由悟性的禱告，以及不是經由悟性的禱告。如果你要我給你這個區別的聖經根據，可以參考哥林多前書第十四章。在此，保羅說：「我要用靈禱告，也要用悟性禱告；我要用靈歌唱，也要用悟性歌唱。」這是兩種不同的禱告，而保羅告訴我們，他的禱告包含了這兩者。要留心只用方言禱告、從來不用悟性禱告的人；也要提防只用悟性禱告、從來不用方言禱告的人。

那麼，我們應當如何以這種方式禱告？答案是「祈求」和「領受」。每一個在禱告上得幫助的人，都先祈求過。我們要提一節出自路加福音第十一章的經文，這節經文不適用於非信徒，因為非信徒甚至不認識聖靈。因此，這節經文只適用於信徒，而它告訴信徒要祈求得著聖靈。神學家出現了，並說：但你是基督徒，你已經擁有聖靈了。是的，你擁有聖靈這位神，但你可以祈求得著更多的聖靈。這節經文說：「你們雖然不好，尚且知道拿好東西給兒女，何況天父，豈不更將聖靈給求祂的人嗎？」

你想要得著聖靈嗎？那麼，祈求，直到得著，就像那

個半夜去敲門的朋友一樣，持續敲門，直到得著。神喜歡回應大膽的強求。

但是，還有另一面，這就是經常出現問題的地方。就某個意義而言，你必須交託、必須放手，讓神接管。大多數人都不喜歡放棄對自我的控制，因為我們擔心這樣做可能陷入混亂、或甚至瘋狂。我告訴你，聖靈的果子就是自制。如果你得著從聖靈而來的自制，相信我，這種自制大大勝過你自己的自制。而真正的聖靈恩賜不會讓你在這件事上失去自制。果真是如此，那就不是出於聖靈。保羅教導我們，先知的靈必須降服於先知。因此，聖靈仁慈地讓你可以掌控這項恩賜。所以，無人需要擔心在使用這項恩賜時會超乎掌控。你決定是否讓祂接管，如果當祂接管時你不喜歡，你可以讓這件事停下來，但你不會想要這麼做。

現在，我們要開始思考如何領受這項恩賜。如果我有一條巧克力，而我將這條巧克力拿給你，你會知道如何接受，不是嗎？我會說：東西在這兒，祈求，然後領受。你會知道你必須來領取。有一次，我在教會和孩子們談話，我嘗試向他們描述恩典。我拿著一條巧克力，並說：「巧克力在這兒，誰第一個來拿，就可以得到它。」沒有人移動，他們都在觀望，直到一個臉皮很厚的小男孩跑出來，他抓住那條巧克力，然後跑回去。現在，他真的拿到了我

要給他們的東西。許多人最大的問題就是祈求了，但從來沒有領受。若要領受某物，你就必須確實拿到它，就必須克服心理障礙。例如聽見自己發出所不了解的聲音。這的確是一個障礙。你就是必須這麼做，直到克服問題。有些人並沒有這種障礙，那很好！他們只是張開嘴巴就開始說話，但是其他人必須繼續說話，直到主讓他們克服這種障礙。然後，祂會賜給他們一個語言，並讓他們能夠流利地說出這個語言。也許，起初他們會覺得自己像牙牙學語的小孩，因為他們從來沒有聽過自己說出這樣的話。然而，當他們持續說下去，他們會明白，那是一個有文法、有句法的語言，一個天上的語言，神將這個語言賜給他們，讓他們藉由它和祂說話。

這有點像船上的彼得，他對耶穌說：「我可以在水上行走嗎？」耶穌並沒有說，拿出聖經，宣告那些應許是給你的，然後跪在船上不斷地禱告。不，耶穌說：「來吧，你過來吧！」祂總是這樣。祂對一個躺在擔架上的人說：「起來，拿著那東西走吧！」祂並沒有說，拿出聖經，讀這個應許，然後不斷地禱告。祂要人採取行動。這就是得到聖靈恩賜的方式。除非你按手在某人身上，否則你不知道你是否得到醫治的恩賜。

當你的靈強烈感覺你可以做一件事，何不單單跨出船，去做這件事？這就是得到這類恩賜的方式，也是領受

這類恩賜的方式。聖經並沒有說，聖靈的恩賜就像精采的鋼琴演奏，但是，如果聖經這樣說，你如何知道你已領受了這項恩賜？我只知道一種方式，那就是你走到鋼琴前，坐下來，將手指放在琴鍵上，開始彈。不久你就會知道，你是否已經領受這項恩賜了。

我是否可以告訴你穆麗爾‧雪伯德（Muriel Shepherd）的故事，她追隨已故丈夫的腳步，成為倫敦以馬內利合唱團（London Emmanuel Choir）的指揮。一天晚上，艾德溫（Edwin）和穆麗爾都求主以聖靈澆灌他們、充滿他們。在此之前，如果沒有樂譜，穆麗爾無法在鋼琴上彈出一個音符。有些音樂家不論有無樂譜都可以彈琴，但是，大多數音樂家屬於必須看樂譜或是不必看樂譜的其中一類，而穆麗爾屬於前者。當她把一張樂譜放錯位置、或者留在家裡，然後去到音樂會現場，情況就不妙了──她需要幫助。當她被聖靈充滿後，她說：「主，祢可不可以賜給我一項不看樂譜即可彈奏的恩賜？」然後，在半夜，主說：「我已經給你這項恩賜了。」她立即去到樓下，在鋼琴旁邊坐下來。她前面沒有樂譜，但是，她可以彈琴！從那時候起，她彈琴時就不需要看樂譜了。她如何知道她已擁有這項恩賜？藉由聖經的應許？藉由來自天上的某個信息？不，當她去到樓下的起居室，將手指放在琴鍵上，她就知道她擁有這項恩賜了。這就是你發現其他

恩賜的方式，就是你在聖靈裡禱告的方式：你祈求主：「主，我很軟弱，我需要祢的幫助，我需要祢的聖靈，我應該禱告，但我無法禱告。」然後，你領受，並說：「主，當我向祢禱告（如果這是一個悟性的禱告），求祢將正確的想法、榮耀祢的想法放進我心裡，我相信祢會這麼做。」耶穌將得到榮耀，而聖靈將使用聖經的真理。但我求你不要在這裡停下來。你還可以這樣禱告：「主，今晚我很累，我的思緒無法集中；主，我的嘴巴在這兒，我要開始說話，求祢給我話語，這些話語將是禱告。」或者你可以說：「主，聖靈，幫助我哭泣、歎息或呻吟，但是，聖靈，幫助我禱告。」

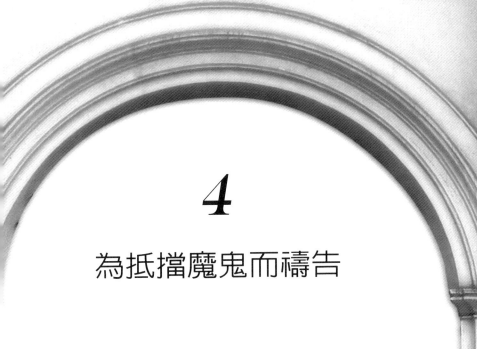

4

為抵擋魔鬼而禱告

這是為了信仰而被關在牢裡的保羅所寫的話：

「我還有末了的話：你們要靠著主，倚賴祂的大能大力作剛強的人。要穿戴神所賜的全副軍裝，就能抵擋魔鬼的詭計。因我們並不是與屬血氣的爭戰（原文作摔跤；下同），乃是與那些執政的、掌權的、管轄這幽暗世界的，以及天空屬靈氣的惡魔爭戰。所以，要拿起神所賜的全副軍裝，好在磨難的日子抵擋仇敵，並且成就了一切，還能站立得住。所以要站穩

了，用真理當作帶子束腰，用公義當作護心鏡遮胸，又用平安的福音當作預備走路的鞋穿在腳上。此外，又拿著信德當作籐牌，可以滅盡那惡者一切的火箭；並戴上救恩的頭盔，拿著聖靈的寶劍，就是神的道；靠著聖靈，隨時多方禱告祈求；並要在此儆醒不倦，為眾聖徒祈求，也為我祈求，使我得著口才，能以放膽開口講明福音的奧祕，（我為這福音的奧祕作了帶鎖鍊的使者，）並使我照著當盡的本分放膽講論。」（以弗所書六章10～20節）

我認為基督徒最不尋常（甚至最驚人）的發現之一就是：有時候，信主之後比信主之前更難禱告。也許你曾有過這樣的經驗。先前我和一位女士談話，她不上教會也不讀聖經，但每晚一定禱告。她會像其他人一樣說：「我和那些上教會的人一樣是好基督徒。」但是，最令我感到好奇的是，她從來沒有禱告上的問題，從來不曾遇見阻礙、無法來到神面前；她只是每天禱告。我心裡想：如果你成為基督徒，你會遇見禱告上的問題。我不知道為什麼會這樣。讓我們回想到目前為止所思考的：我們有一位天父，我們向祂禱告；我們可以相信這位天父；我們擁有耶穌的名、耶穌給我們的範例、耶穌給我們的教導、耶穌的寶血

——我們擁有這麼多幫助，而禱告對基督徒而言應該比對其他人更重要。然而，禱告時，我們可能投入前所未有的大爭戰。但是，如我們先前所強調的，基督徒的禱告從來不是個人的禱告。當我們禱告，父會幫助我們；子會將我們的禱告帶到父面前，並為我們代禱；而聖靈明白我們不知該如何禱告、不知該說些什麼，所以祂會幫助我們思考、並將禱告說出來。然而，這是一場爭戰，因為一旦你開始禱告，你就和魔鬼交手，而撒但恨惡你這麼做。牠不介意禱告，但祂討厭基督徒的禱告，因為這種禱告將對牠造成損傷。祂敵擋這種禱告，但牠一點也不害怕非信徒的禱告。

從前，美國的一位莊園主人有一個信主的奴隸，這個奴隸會不斷地和他的主人談論耶穌和魔鬼。主人說：「噢，魔鬼從來不找我麻煩。」然後，有一天，主人外出獵鴨。他射中一對正在飛的鴨子，牠們都掉落地面，其中一隻顯然受創嚴重，所以掉到地上時已經一命嗚呼。另一隻鴨子一息尚存，正在拍動翅膀，嘗試飛起來。主人在這個奴隸背後叫喊：「別去管那隻死鴨子，去抓那隻還有氣息、還想飛起來的鴨子。」

那個奴隸轉身說：「主人，現在我明白，為何魔鬼從來不打擾你？我看到了。你知道，魔鬼只怕嘗試在禱告中飛起來的基督徒；只怕還有一點生命氣息的基督徒。魔鬼

不擔心宗教、不擔心禱告，但是，真正嘗試奉耶穌名禱告的基督徒確實讓牠擔心。所以，當基督徒奉耶穌的名禱告，魔鬼就發動攻擊。」

我認為魔鬼很矮！為什麼？因為當你跪下來禱告，你能夠狠狠擊中牠的嘴巴！然而，說真的，雖然本書帶著一些幽默的成分，但不要低估魔鬼、不要把魔鬼當成一個笑話。正如一句諺語所說的：「當魔鬼看到最軟弱的信徒跪下來禱告，牠也不得不發抖！」

我曾經去過白金漢郡（Buckinghamshire）一間正在重新裝修的古老小教堂。他們洗掉了舊的石灰塗層，並在這些塗層後面發現一幅壁畫。這幅壁畫引發我的好奇心，因為它所畫的就是這間教堂。畫中教堂裡的長椅上坐滿了穿著中古時期服裝的人。我注意到在這幅壁畫裡，每一個會友旁邊、每一個正在敬拜神的基督徒身邊，都坐著一個搗住會友嘴巴的小魔鬼。那是一幅奇怪的小畫，但它引起我的興趣。那些小魔鬼搗住會友的嘴巴，讓他們和那些得了「牙關緊閉症」（lockjaw）的信徒一樣保持沉默！也許你知道這個問題，這是許多教會所面臨的問題。這幅壁畫的內容深深地印在我的腦海裡。我相信當你開始認識主，你也開始認識魔鬼。如果有人對我說：「我沒有任何關於魔鬼的經驗；我從來沒有遇過魔鬼。」老實說，我會懷疑他們並沒有與主建立深入的關係。因為魔鬼不是在地

獄，而是在空中。約伯記清楚說明了這一點。魔鬼在地上
巡行，但牠的家在空中。因此，我們不是在地獄和邪惡勢
力搏鬥，而是在空中和這些力量搏鬥，因為空中才是魔鬼
的所在之處。就因為如此，禱告變成一件真正困難的事。

在任何一場戰鬥中，第一要事就是界定敵人。決定如
何戰勝敵人之前，你必須先辨識你的敵人。我認識一個
人，他在第一次世界大戰中被英軍的子彈射死，但他是一
名英國士兵。一隊士兵行經一座樹林，但是通訊線被打亂
了，而這次的前進訊息並沒有傳達給其他士兵。英軍看見
這些士兵穿越樹林，於是開槍射擊，這名士兵就被射死
了。你必須確定你認出正確的敵人。不要為攻擊別人而禱
告，因為你不是與屬血氣的爭戰。所以，人類不是敵人。
我們是與沒有肉身的靈體爭戰，是在禱告中與魔鬼爭戰，
而且這是一場真正的爭戰。

現在，讓我來告訴你一些有關魔鬼的事實，如此，你
就可以明白當你禱告時，你所對抗的是些什麼。神不只呼
召基督徒為別人禱告，祂也呼召基督徒為抵擋某些力量而
禱告，而這些力量為首的就是撒但。

曾經有人問倫敦警察廳的一位督察員，是否相信有魔
鬼的存在。他不假思索地說：「我當然相信。」

發問者說：「你根據什麼理由相信？」

他回答：「我是一個基督徒，我相信聖經，而聖經說

有魔鬼的存在，這一點幫助我解決了問題。但是，我可以提出很好的證據來證明的確有魔鬼存在。」

發問者問：「什麼證據？」

這位偵緝督察員繼續說：「有時候，倫敦會爆發新一波的犯罪活動，但我們發現那些傢伙、那些男孩根本沒有籌畫那些犯罪活動的腦袋。我們知道，當一波新的犯罪活動出現了，下層社會就有一個新的頭子產生，一個新的X先生。所以我們建立了一個有關X先生的檔案。我們不知道他的名字、不知道他住哪裡、不知道他是何方神聖，但是，從他帶領那些小嘍囉的犯罪活動中，我們推測出他是一個什麼樣的人。漸漸地，我們可以完整描繪他的個性，可以完整描繪我們正在尋找的是一個什麼樣的人。我們知道他的存在，雖然我們不曾親眼見過他。當我從我和基督徒的談話中明白魔鬼如何攻擊他們，以及讓他們做出什麼事，我可以建立一個有關魔鬼的檔案；可以推測出牠的性格、策略、詭計，以及思考方式。」他有許多證明魔鬼存在的證據。

讓我告訴你聖經如何描述魔鬼。聖經並沒有將牠描述成一個頭上長角、有一條分叉尾巴的生物。這類的描述讓我們嘲笑牠，沒有把牠當成一回事。你是否看過帕索里尼（Pasolini）的「基督的一生」（Life of Christ）？不可思議的是，這部電影是由信奉共產主義的義大利導演所拍攝

的。我們的主被撒但誘惑的那一幕，仍然鮮明地烙印在我的腦海裡。祂穿著傳統的東方服裝去到曠野。我心裡想：現在，帕索里尼要如何描繪魔鬼？他是否會像一般人那樣，將牠變成一個漫畫人物？然後，鏡頭望向遠方，在沙漠的另一頭出現了一個小小的人形，牠緩慢地、平穩地直接朝耶穌走來。當牠更加接近，而你可以清楚看見牠了，你所看到的是一個看起來十分聰明、幹練世故、穿著考究的商人。這是一個高明的手法。你感覺這個人掌握大權；感覺他擁有全世界的財富；感覺他只需說：「去做！」就會有人立刻照他的話去做。牠就那樣大步走到基督面前，這讓我不禁打了個寒顫！我心想，帕索里尼明白，他沒有低估撒但，沒有將撒但漫畫化，沒有拿撒但來開玩笑。你知道，聖經說撒但是一個真實的人。聖經從來沒有稱魔鬼為「它」；聖經總是稱魔鬼為「他」。

接下來，聖經說，魔鬼有一顆心、一個頭腦和一個意志。如果心、頭腦和意志沒有構成一個人，什麼才會構成一個人？聖經談到魔鬼的感覺、思想和動機。對我而言，這意味著撒但是一個人。因此，魔鬼不是一個用來概括世上所有邪惡力量的含糊字眼。我不認為撒但只是一個用來稱呼人性卑劣本能的名字。撒但所以存在，因為牠就是撒但。即使沒有人類，撒但仍然存在著。牠是一個人，有一顆可以感覺的心，有一個可以思考的頭腦，以及

一個會採取行動的意志。神要牠為牠的作為負起道德責任，而如果牠不是一個人，你無法要牠負起道德責任。在聖經裡，牠有許多不同的名字：路西弗（Lucifer）、別西卜（Beezebub）、彼列（Belial）、撒但、亞巴頓（Abaddon）。這些都是可怕的名字，如果你明白它們的希伯來文含意，你就會了解。

不只如此，聖經也針對撒但作出種種描述，其中一個描述就是「蛇」。有些人喜歡蛇，雖然我實在不懂為什麼。但是，撒但是一條狡猾的蛇。此外，牠也被描述為遍地遊行的獅子和龍。你想要單獨和一條蛇、一隻獅子或一條龍待在一個房間裡嗎？一旦你奉耶穌的名禱告，你就和這三者同在一個房間裡，而你不可輕忽牠們，因為這就是撒但的本相。關於牠的性格，聖經的描述是：牠是一個說謊者、一個殺人者、一個毀謗者、一個控告者、一個敵人、一個破壞者。你是否開始對牠有一些概念了？為什麼牠是這個樣子？牠來自何處？牠是不是神所創造的？是的，牠是神所創造的。但是，就如同神創造人類為良善，而人類決定不要成為良善，同樣地，神創造撒但為良善，牠也明白何謂「良善」。聖經說得很清楚，撒但過去是一個天使，現在也是一個天使，而在受造界的等級中，天使高於人類。葛理翰（Billy Graham）寫了一本有關天使的書，我認為這件事很有趣。在此之前的二十年，人們不會

去買一本有關天使的書。但是，情況改變了。現在，我們明白有一個超自然領域的存在。

　　所以，撒但是一個天使，牠曾經在天上和神在一起，曾經是良善的。那麼，爲什麼牠決定背叛神？這個理由和我們決定背叛神的理由一樣：我們想要追求自己的目標，而不是追求神的目標。撒但希望牠可以說：「因爲國度、權柄、榮耀全是我的，直到永遠。」牠想要改變主禱文裡的二個字，想要將「祢的」改成「我的」。如果你追溯人類如何背叛神，你可以追溯到相同的動機：希望將主禱文裡的「祢的」改成「我的」。

　　因此，撒但的動機主要是驕傲，這是一種罪，這種罪導致仇恨。而仇恨讓你變得具有毀滅性，讓你想要破壞而不是建造。因此，撒但現今在社會上專門扮演的是一個毀滅性的角色。

　　耶穌自己以非常嚴肅的態度看待撒但。祂從來沒有拿撒但來開玩笑；從來沒有嘲笑撒但；從來沒有將牠滑稽化。思想耶穌給撒但的一些稱呼。祂說撒但是這個世界的王。當撒但要將世上萬國獻給耶穌，耶穌並沒有說，世上萬國不屬於撒但，牠沒有權利把它們賜給祂。這是因祂完全明白，世上萬國屬於撒但，牠有權利將它們賜給人。如果你眞的了解，這是一個可怕的想法：撒但統治著我們所居住的世界，牠是這個世界的王！但是，讓我們進一步討

論。你知道耶穌給撒但的另一個名稱是什麼？耶穌不只說，撒但是這個世界的統治者抑或這世界的王，祂也說，撒但是這個世界的「神」。除了祂的天父外，耶穌只用這個字來描述撒但。祂告訴門徒，祂自己的天父是萬物之主，但是，撒但是這個世界的神。很簡單，這意味著撒但不只控制著這個世界，且能夠為了自己的目的而操縱科學、教育和政治。撒但其實也是大多數世人所崇拜的神，不管他們知不知道。在這麼多的宗教、這麼多的活動背後，被崇拜的其實是撒但，甚至某些主日上教會的人也在崇拜撒但。事實上，撒但是他們的神，因為他們崇拜撒但提供給他們的事物。他們想要這世界的事物，是撒但所屬且統治的世界；他們想把心思放在耶穌所在的天上事物。如果你想要**這個**世界，如果你想要**這個**世界的事物，那麼我給你一個建議：讓撒但成為你的神。如果你想要這個世界，撒但可以成為一個很好的神，因為牠會將世上的東西賜給你，但只有一個問題：你總是必須付出代價，帳單寄來的時候，也許你不會太開心。但是，撒但會將這個世界賜給你。牠會賜給你金錢、名聲、任何你想要的東西，因為這些都是牠的，牠有權賜給你。在約伯記裡，神問撒但：「你從哪裡來？」撒但回答：「我從地上走來走去，往返而來。」牠一直在四處巡視牠的產業。

現在，讓我們說明一件事。這不意味著神在這個世界

是無能為力的，而是意味著神容許撒但成為這個世界的王和這個世界的神（我們必須徹底思考這件事）。這是神所容許的。有人問：「當神容許這件事，祂認為祂在做什麼？」我的答案是：當神容許你成為現在這個樣子，祂認為祂在做什麼？如果祂容許你背叛祂，為什麼你要怪祂容許撒但背叛祂？答案很簡單，神是天父，祂並沒有強迫祂的任何一個受造物走祂的路。祂給你背叛的自由，我們不能抱怨祂給天使自由（雖然天使有極高的智慧和能力），因為祂也給我們相同的自由，而我們卻以錯誤的方式使用了這個自由。所以，神就是這樣的一位神。

撒但有獨特的能力，而且在整個空間中，牠惟獨對地球有興趣。聖經沒有告訴我們，路西弗（從天上墜落的晨星）控制著地球和地球大氣層以外的任何地方。有時候，牠被稱為空中掌權者的首領（參考以弗所書二章2節）。因此，每當我禱告時，在我和天上之間的就是「空中」，而我的禱告必須穿過黑暗之王的領域。牠公開表示牠想要在地上建立一個疾病的國度、一個死亡的國度、一個牠有最後決定權的黑暗國度。

我在基督徒當中發現兩個極端。有些人拿撒但來開玩笑，這是大錯特錯的。讀讀《地獄來鴻》（The Screwtape Letters，中文版由道聲出版社出版），但不要把它當成喜劇，要把它當成悲劇，因為這是一本悲劇性的書。如果你

想要了解撒但，這是一本很棒的書，但是，不要嘲笑它。嘲笑你自己，但不要嘲笑撒但。還有些基督徒對撒但懷著另一種難以解釋的態度：他們將一切的錯怪罪到撒但頭上，讓撒但成為代罪羔羊。但我不相信撒但必須為我生命中的一切錯誤負責。我清楚想到一個人告訴我，他忘了設定鬧鐘，所以很晚才起床；然後，他匆匆忙忙吃早餐，以致消化不良；然後，他跑向車站，在火車即將開動之際趕到車站。當他抵達辦公室時，因著遲到而被罵得體無完膚；之後，他也把別人罵得體無完膚。他回到家後，在那晚的團契聚會中，他說：「魔鬼今天對我展開猛烈的攻擊。」我不相信這個過程的任何階段和魔鬼有關。他忘了設定鬧鐘！誘惑有三個來源：世界、肉體和魔鬼，你不能將一切都怪到魔鬼頭上。在此，我們必須冷靜且有條理地思考。但我告訴你，有人過於輕忽牠；有人太容易怪罪牠，而真正的基督徒的確以非常嚴肅的態度看待魔鬼。我只是希望你不要直接面對牠，因為那是一件相當嚇人的事。惟有當你明白撒但已經是一個被擊敗的敵人，你才可以安然度過這一關。

　　你知道在聖經的六十六卷書中，魔鬼最不喜歡其中的哪兩卷書？有兩卷書比其他六十四卷書談論更多關於牠的事，所以牠對這兩卷書發動更猛烈的攻擊。這兩卷書的其中一卷在聖經的開頭，另一卷則在聖經的結尾，即創世記

和啟示錄。你知道撒但為何討厭這兩卷書？因為創世記描述了牠的伎倆，而啟示錄描述了牠的滅亡。比起聖經的其他部分，創世記遭受更多學術上的攻擊，更常被人視為神話和傳說，被視為虛構的故事。為什麼？因為撒但不要你相信創世記第三章是確有其事；牠不要你知道牠如何控制夏娃；牠不要你相信牠對那第一對夫妻說了些什麼。撒但對創世記展開攻擊。

　　但是，牠最不喜歡的另一卷書是啟示錄。因為當你讀這一卷書，你會讀到它如何描述魔鬼被丟入火湖。牠將先被關在牢裡，不許攪擾人類；然後，牠至終會被扔入火湖。牠非常不喜歡這部分。現在，我要告訴你一件事，這件事會讓你心驚膽跳！當我的講道進行到啟示錄，會眾中最容易出現攪擾和差錯。有一次，我講到描述撒但被丟入火湖的那一章，而我說的話被製成錄音帶。不久之後，這些系列錄音帶的其中一個系列，被寄到離我的教會四十英里外英國南岸的一個信主不久的家庭。那個妻子才信主六個月，她的丈夫和他們的青少年孩子也才剛剛信主，他們正藉著聆聽這些錄音帶來造就自己。他們聆聽有關啟示錄的講道，且聽到描述撒但滅亡的那一卷。他們坐在一間平常的起居室聆聽，當我開始在那卷錄音帶裡提到撒但，一個尖叫般的外國語言蓋住了我的聲音，讓我的聲音變得模糊。他們可以在雜音中聽到我的聲音，但他們無法聽出我

究竟在講些什麼。他們嚇壞了，所以叫人去請一位我所認識的牧師過來。這位牧師來了，他們說：「是這樣的，大約有七分鐘，我們聽不出鮑森先生在講些什麼。」

所以這位牧師說：「重新播放一次。」他們重新放那卷錄音帶，這一次，有七分鐘的時間，錄音帶裡完全沒有任何聲音。現在，你可以稍微多一點了解我的意思。事情就是這麼嚴重。撒但不喜歡人們談論有關牠的事；牠不喜歡人們針對牠的意圖提出警告。所以，把牠當一回事吧！

但是，我必須告訴你，聖經清清楚楚說明，撒但已經是一個被擊敗的敵人，如果牠擄獲你，牠只是在虛張聲勢。和牠攤牌吧。如果你已經受洗了，就說：「撒但，我不只已經死了，也被埋葬了。你正在和一個死人說話。」難道你不明白，當你受洗時，你是和基督一同埋葬嗎？這就是受洗的重點：為一個死去的人舉行葬禮，這個葬禮幫助你向過去的生命道別。它在說：過去的生命結束了，這是我最後一次看它。出於這個原因，撒但不喜歡看到人們受洗。牠不喜歡我們為一個死去的人舉行公開的葬禮。因為當你認為你自己已經死去，並且和撒但攤牌，說：「我已經死了、被埋葬了，撒但，你看到我的葬禮，你也在場，你知道我已經死了、被埋葬了，所以，不要再來試探我，」這時候，你會欣喜萬分地發現，撒但不得不離你而去。**務要抵擋魔鬼，魔鬼就必離開你們逃跑了**——而且你

要根據事實、根據神的話來抵擋魔鬼。

現在，讓我們來思考魔鬼和禱告的關係。自從耶穌來到世上、被釘十字架、復活、並回到榮耀中，撒但在地上的工作就是破壞耶穌所建立的一切──如果可能的話！就因為如此，我想要警告每一個我曾為其施洗的人，要預期魔鬼不久就會以某種狡猾、難以覺察的方式奪去這個祝福。這就是牠試圖對耶穌做的事。耶穌受洗時領受了什麼祝福？耶穌領受的祝福就是：神向祂保證祂是神的兒子。「祢是我的愛子。」所以，在那六個星期內，魔鬼對耶穌說了什麼？魔鬼說：「如果祢是神的兒子……。」牠試圖讓耶穌懷疑祂所擁有的保證。現今，牠正嘗試破壞耶穌所建立的一切。

現在，我們必須思考兩個問題。第一個問題帶點消極的成分：當我們禱告時，魔鬼可以對我們做些什麼？第二個問題比較積極：我們可以在禱告中對牠做些什麼？

讓我們先討論禱告時，魔鬼可以對我們做些什麼。如果魔鬼是空中掌權者的首領，不管我身處什麼地方，當我禱告時，如我先前所言，牠的領域就位於我和天上之間，所以我必須突破仇敵的領域，我的禱告才能到達天上，這就是我的問題。

因此，魔鬼會嘗試做兩件事：阻止我禱告，如果我設法開始禱告，牠會破壞我的禱告。但是，我們並非不明白

牠的伎倆。感謝神，聖經清楚說明這一點。魔鬼如何阻止我禱告？牠會攻擊我性格的三個部分的其中一部分：視我的性格而定。牠會攻擊我的意志——我禱告的決心。牠可以透過我的懶惰達成目的。是誰說過禱告意味著：「心靈的力量戰勝床墊的力量」（mind over mattress）？你是否聽過這個定義？如果魔鬼沒有利用懶惰，牠會利用你的忙碌，讓你的意志投入其他事物。假如魔鬼無法攻擊你的意志，牠會攻擊你的思想，讓你的思想充滿疑問（禱告是否有用？），充滿哲學式的爭論。魔鬼喜歡使用一個信條作為攻擊禱告的論點，而這個信條就是宿命論。牠會說無論如何，一切都已決定了；神已經作了決定，除了配合神已經決定的事，禱告沒有什麼用。不要相信這一套，禱告甚至可以改變神的心意。所以，魔鬼會讓你懷疑禱告的功效。

如果你是比較情緒化的人，魔鬼會擾亂你對禱告的感覺。牠會說：「你沒有任何感覺，不是嗎？所以，你的禱告起不了任何作用。」或者，牠可以將你心裡的感情放在別人身上、投注在別人身上，以致禱告時，你對神已經沒有任何感情。牠可以讓一個年輕人將所有感情都集中在一個女孩身上，以致對神沒有任何感情；他的心已經被奪走了，不在神那兒了。我不知道魔鬼以什麼方式對你發動最猛烈的攻擊，但是，牠若非攻擊你的意志、讓你意志薄

弱，就是攻擊你的思想、讓你的思想混亂；或者牠攻擊你的心，讓你的心覺得空洞無價值感，對主沒有任何感覺。不管牠如何攻擊你，牠已經阻止你禱告。因此，我確實相信，當你不想要禱告、或者當你的禱告變成一種搏鬥、或者當你的思想和約伯一樣混亂，但你仍要繼續和神說話時，你所作的禱告是最有價值、最有功效的禱告。

一旦你開始禱告，撒但將如何試圖破壞你的禱告？我想我可以概括地說：牠試圖讓你在禱告中失去平衡。對某些人而言，這意味著撒但嘗試讓他們不斷地禱告，並以為禱告的長度可以用某種方式改變天上的決定；對另一些人而言，這意味著牠嘗試讓他們只讚美、不祈求；對另一些人而言，這意味著牠嘗試讓他們只祈求、不感謝；對其他人而言，這意味著牠嘗試讓他們只感謝、不認罪。魔鬼會嘗試讓你的禱告失去平衡。

我曾和一個人進行一場討論，這人說，我們不應使用固定的禱告模式；不應使用書裡面的禱告；不應使用某種話語形式，因為禱告必須是自發性的。他說：「的確，如果禱告全是使用方言禱告，那會更好。」這是一種失去平衡的禱告方式，而魔鬼想要讓你的禱告失去平衡。牠不喜歡保羅這樣的人，因為保羅說：「我要用悟性禱告，也要用靈禱告，我要以這兩種方式禱告。」你可以在新約裡發現，他們不只有即時的、自發性的禱告，也**恆心遵守使徒**

的教訓，彼此交接，擘餅，祈禱──指禮拜儀式的禱告。

如果一本書裡的禱告是出於聖靈的啟示，這樣的禱告就不會錯。魔鬼喜歡讓你失去平衡，將你局限在一種禱告中。你是否聽過「除非是即時的禱告，否則就不是真正的禱告」；或者「使用書裡的禱告不是真正的禱告」。有時候，當你自己的禱告生活不太順利，你可以拿一本關於禱告的書，暫時使用別人的禱告，讓別人的分享來提振你的靈命。讓聖靈藉著別人的禱告方式來教導你。你何不這樣做？你並不在意唱詩歌本裡的詩歌，不是嗎？研究主所經歷的試探，你會發現，祂在禱告中遇到魔鬼；你會發現，祂能夠一而再地制止魔鬼離間祂和祂的天父。祂特別使用聖經來抵擋魔鬼──有三次，祂以聖經斥責魔鬼。

所以，魔鬼會做的兩件事是：制止你全心全意地禱告。牠會嘗試破壞你的禱告；牠會讓你的禱告失去平衡；牠會讓你只作一種禱告或某一層面的禱告；牠會使你的禱告因為沒有足夠的變化而愈來愈沒勁。不久，你的禱告不是變得儀式化，就是制式化──很難分辨何者更糟。

讓我們來看積極的一面：我們可以在禱告中對魔鬼做些什麼？這是一件令人振奮的事。我們可以在禱告中將魔鬼擊垮。新約告訴我們，我們應該主動抵擋牠。你是否知道，耶穌要我們每日為抵擋魔鬼而禱告？當門徒告訴耶穌：「求主教導我們禱告，」耶穌教導他們作一個禱告，

禱告
的黃金法則

在這個禱告中，我們讀到這一點。耶穌說，他們應該如此禱告：說「我們在天上的爸爸」，然後為他所渴望的事禱告：稱他的名為聖、他的國降臨、他的旨意行在地上如同行在天上。然後，他們應該為他們所需的一切禱告：食物、饒恕。之後，祂告訴他們如此結束禱告：「救我們脫離**兇惡**。」有些英文譯本沒有指出這裡的「兇惡」其實是指「惡者」。我們將兇惡想成一件事情，但兇惡不是一件事情，而是一個人。如果沒有人，世界上就沒有兇惡（如果沒有愛人者，世界上就沒有愛）。兇惡是一種非常個人化的東西。因此，耶穌要門徒每天如此禱告：「救我們脫離兇惡。」當你開始禱告時，你要想著你在天上的爸爸；但是在禱告的結尾，你要想到地上的魔鬼，並走出去面對牠。禱告可以將我們從惡者的權勢中拯救出來。

　　根據聖經，魔鬼可以對我們做三件事，而禱告可以將我們從這三件事中拯救出來。首先，魔鬼可以用疾病捆綁我們的身體。但這不意味所有的疾病都出於撒但，也不代表神會回應每個病要得醫治的禱告。即使疾病出於撒但，神也不一定會除去這疾病。一個典型的例子就是哥林多後書第十二章，保羅在此說，有一根刺加在他的肉體上。我相信這些話最簡單、最直接了當的意思，就是身體的殘疾。有三次，他求神從他的身體除去這個撒但的差役，而神拒絕了他，因為祂要保羅保持謙卑，讓人明白祂的恩典

夠他們用。除了保羅的這個例子外，神沒有理由讓每一個人留在這種狀況中。一個患有特殊疾病的婦人來找耶穌。耶穌的門徒是否真的看到她？是否看出她的問題？是否看出她是一個被囚者？是否看出撒但已經將她的身體捆綁了十八年？耶穌看出來了，並且釋放了她。這是另一種情形。

撒但可以捆綁身體。曾經有一段時間，牠對我的教會所做的一件事，就是讓會友一個接一個地生病，試圖阻止教會的工作。我當時奉耶穌的名宣告（今日也繼續奉耶穌的名宣告）撒但沒有得勝，牠正節節敗退。但是，牠仍然以這種方式戰鬥著。

如果禱告可以救我們脫離撒但、脫離兇惡，那麼，為病人禱告是正確的做法。請求耶穌在一份為主裡的弟兄或姊妹的健康而提出的請願書上簽名，是正確的做法。

撒但可以做的第二件事，是捆綁人的思想。聖經說，這世界的神已經蒙蔽世人心靈的眼睛，以致他們無法看見。我看過我這個世代一些相當聰明的人士（學者、教授，以及智商高於我的人），令我難以置信的是，他們似乎精通每一個學術領域，但就是不明白有關神的簡單真理。你是否遇過這樣的人？他們很聰明，但是，如果你和他們談論神，他們就是不明白。主，我感謝祢將這些事向聰明通達人就藏起來，卻向嬰兒和小孩顯出來，因為如果

禱告
的黃金法則

只有智商高的人才能上天堂，大多數人都完了！我們可以求神「救我們脫離兇惡」，然後，我們也可以求神除去聰明通達人的眼瞎。

因此，撒但捆綁人的身體，而禱告可以將一個人的身體從撒但手中釋放出來；撒但可以蒙蔽一個人的思想，而禱告可以將一個人從被蒙蔽的思想中釋放出來。撒但還可以做些什麼？牠也可以擄掠人的心靈，將他們禁錮在一個使他們遠離神的宗教中。或許這聽起來似乎不可思議。但是，基督教最大的敵人是宗教，包括在英國被稱為「教會宗教」（churchianity）的一種宗教，以及其他宗教。宣教士遇到的最大問題是什麼？就是人們已經擁有的宗教。撒但知道人類的宗教傾向，牠知道人類會禱告；牠知道人類的靈魂裡有一個神所造的空白之處；牠知道如果牠留下這個空白，人們會尋求神，而且可能幸運地找到神。所以撒但怎麼辦？牠以宗教填滿這個空白。各式各樣的新宗教都出現了，未來還會出現更多的宗教。

撒但想要在人的身體裡將人俘虜；牠想要將人捆綁在疾病中；牠想要擄掠人的思想，以困惑和懷疑蒙蔽他們。牠想要擄掠人的心靈，將人的心靈捆綁在宗教中。如果有一件事讓基督徒歡喜快樂，那就是從宗教中被拯救出來。這件事是否讓你充滿喜樂？當別人向你談到「宗教」，你是否覺得尷尬，不知道該說些什麼？你可以說：「我不是

信奉宗教，我是一個基督徒！」

如果人們信奉宗教，撒但會非常開心！但是，我們可以靠著禱告捆綁壯士、搶奪他的財物。這就是耶穌對撒但的描述。耶穌的教導就是：當我將一個人從疾病或鬼附的情況中釋放出來，我所做的是什麼？我捆綁一個壯士、搶奪他的財物。但是耶穌說，你必須先捆綁壯士。如果你沒有先把壯士捆綁起來，你無法搶奪他屋子裡的財物。好消息是，靠著耶穌的寶血，你可以捆綁撒但，然後，你可以搶奪牠的財物。「不叫我們遇見試探，救我們脫離兇惡。」

我說過，禱告是一場爭戰，是進入前線。但保羅會說，禱告是上競技場；他會說，禱告就是角力——不是從遠處朝撒但開槍。你十分接近撒但；十分接近邪惡勢力，以致有時候，你覺得你彷彿直接和牠搏鬥。那真是非常接近！有時候，邪惡顯得十分真實，你彷彿可以觸摸到牠；彷彿可以聞到牠的味道。

你如何贏得這場爭戰？我認為答案就是摔角者必須穿上適當的衣裝。基督徒禱告時，應當穿上什麼？你是否想到這一點？我不會建議他們穿睡衣和拖鞋！我建議他們穿戴神的全副軍裝。這就是你所需的，而且這是指全副的軍裝，不是指部分的軍裝。問題是，如果你沒有穿戴某部分的軍裝，敵人會在你沒有穿軍裝的地方攻擊你。這就是摔

跤和拳擊所發生的情況，是任何近距離的搏鬥所發生的情況：你的敵人正在尋找弱點，尋找防禦系統的缺口。所以，保羅談到禱告時說，你需要神的全副軍裝，而且你會需要每一部分的軍裝。漏掉其中的一部分，你就會輸掉這場爭戰。留意這件事，你需要真理。把你的軍裝束緊一點吧？

　　我父親小時候和我一樣，是在一個農場工作。我記得他曾和我談到一個在農場工作，高大又魁梧的愛爾蘭人。每當這個人必須彎腰舉起一袋沉重的物品，他會繫上一條寬大的皮帶，且在彎下腰舉起袋子之前，將皮帶收緊兩格。當他收緊皮帶時，他預備好了，把自己束緊了，然後，他會彎下腰將袋子舉起來。保羅說，當你預備禱告時，要用真理當作帶子束腰；務要以真理緊緊地保守自己束緊。他並沒有說，要確定你的感覺是對的，或者心情是對的。他說，要正確地了解真理，以真理保守自己。然後他說，用公義當作護心鏡遮胸，因為如果有一件事情讓你難以禱告，那就是罪疚感。把這個問題處理好。以公義的護心鏡遮胸，然後禱告時，你的良心就不會責備你。然後他說，如果你想要正確地禱告，你的腳必須準備好到各處傳福音；你必須以平安的福音當作鞋子穿在腳上。在你禱告之後，你是否準備好走出去，向別人傳福音？如果是，你的腳就沒有問題，不會任撒但讓它們走上錯誤的方向。

你的武器呢？你需要一面盾牌；你必須移動它，因為火箭會朝你射過來。那是古時候最受歡迎的武器之一：將箭浸在瀝青裡，然後點火，箭就變成一個致命的武器。所以，羅馬士兵會拿一面厚重的大盾牌，一面由軟木做成的厚盾牌。當箭射入這種盾牌，箭會在軟木中燒毀。保羅說，你會需要信心的盾牌。你是否真的相信神垂聽禱告？你會需要這面盾牌。然後，保羅提醒我們如何保護頭部。你是否有不專心的問題？當然有。我已經告訴你克服這個問題的一個辦法就是大聲禱告，而不要默禱。但是，對抗不專心的最好防護法，就是讓腦子充滿救恩的想法——戴上救恩的頭盔。也許，你可以藉著說：「神，祢已經拯救了我，我要思想這一點。」來開始你的禱告。思想這件事，你就不會分心。

　　你是否注意到，目前為止，我們所談的全是防禦？但是，我們不只要防禦魔鬼，我們也想攻擊魔鬼。因此，你會需要另一樣東西：劍——「聖靈的寶劍」。劍是從真理的帶子中被抽出的。有些人認為，聖靈的寶劍是指整本聖經，這不是事實。帶子是指聖經，因為帶子是真理。你從真理抽出來的寶劍，是聖靈在那個情況所賜下的真理。每一次耶穌回答魔鬼，耶穌就從帶子裡抽出不同的寶劍，然後攻擊魔鬼。

　　不要讓魔鬼為所欲為。要穿上全副軍裝，你就會有攻

禱告的黃金法則

擊的武器、會有來自聖經的正確話語，亦即聖靈讓你能從
真理中得著的話。或許那是出自聖經的話，或許那是直接
來自聖靈、不在聖經裡的話，但那是聖靈給你的話；那是
來自神的話，而你得以藉此攻擊魔鬼。你說；「住口，離
開吧！」然後，你會發現魔鬼的確住口並離開了。

　　那一天，你將建立防禦系統，也將能夠攻擊。這是場
全面的爭戰。就因為如此，基督徒的禱告比別人的禱告困
難許多，因為魔鬼不喜歡基督徒的禱告——牠不會那麼討
厭西藏的祈禱輪及回教的禱告墊。牠不喜歡耶穌的名，因
為耶穌的名高過地獄、高過地上或天上的一切。天使和人
在這個名字面前都要跪拜，而魔鬼都要害怕和逃跑。你信
不信？然後，你要祈求耶穌的寶血不只保護已經在進行的
工作，也要擴展這工作，讓神得著榮耀。要以禱告抵擋魔
鬼，因為現今魔鬼正在攻擊教會的會眾，想要把他們打
倒；牠正試圖混淆人們的想法、正試圖給人們宗教，以阻
止人們和基督建立關係。讓我們如此禱告：主，救我們脫
離兇惡，因為國度是祢的，不是魔鬼的；因為權柄是祢
的，榮耀也是祢的，直到永遠。**阿們**。

禱 告

謝 謝 祢，主，因為祢今日使魔鬼無法靠近我們。現在，我們奉耶穌的名祈求此刻受到魔鬼攪擾的人能夠得著釋放，身、心、靈都得著神兒女的自由。主，我們在認識祢之前，不明白魔鬼如何轄制我們；認識祢之後，我們明白牠是多麼有勢力、狡猾和聰明。但是，主，我們謝謝祢，因為魔鬼根本不是耶穌的對手，牠在十字架上聰明反被聰明誤。主，讓我們得勝，我們不是為自己祈求，而是為祢的聖名祈求。但願教會的禱告比這世界的王和牠那些執政掌權者有能力，因為我們是奉我們的主和救主耶穌的名祈求。**阿們。**

禱告
的黃金法則

5

和眾聖徒一起禱告

「**使**徒對百姓說話的時候，祭司們和守殿官，並撒都該人忽然來了。因他們教訓百姓，本著耶穌，傳說死人復活，就很煩惱，於是下手拿住他們；因為天已經晚了，就把他們押到第二天。但聽道之人有許多信的，男丁數目約到五千。

「第二天，官府、長老，和文士在耶路撒冷聚會，又有大祭司亞那和該亞法、約翰、亞力山大，並大祭司的親族都在那裡，叫使徒站在當

中，就問他們說：『你們用什麼能力，奉誰的名做這事呢？』

「那時彼得被聖靈充滿，對他們說：『治民的官府和長老啊，倘若今日因為在殘疾人身上所行的善事查問我們他是怎麼得了痊癒，你們眾人和以色列百姓都當知道，站在你們面前的這人得痊癒是因你們所釘十字架、神叫他從死裡復活的拿撒勒人耶穌基督的名。祂是你們匠人所棄的石頭，已成了房角的頭塊石頭。除祂以外，別無拯救；因為在天下人間，沒有賜下別的名，我們可以靠著得救。』

「他們見彼得、約翰的膽量，又看出他們原是沒有學問的小民，就希奇，認明他們是跟過耶穌的；又看見那治好了的人和他們一同站著，就無話可駁。於是吩咐他們從公會出去，就彼此商議說：『我們當怎樣辦這兩個人呢？因為他們誠然行了一件明顯的神蹟，凡住耶路撒冷的人都知道，我們也不能說沒有。惟恐這事越發傳揚在民間，我們必須恐嚇他們，叫他們不再奉這名對人講論。』

「於是叫了他們來，禁止他們總不可奉耶穌的名講論教訓人。彼得、約翰說：『聽從你們，不聽從神，這在神面前合理不合理，你們自己酌量吧！我們所看見所聽見的，不能不說。』官長爲百姓的緣故，想不出法子刑罰他們，又恐嚇一番，把他們釋放了。這是因眾人爲所行的奇事都歸榮耀與神。原來藉著神蹟醫好的那人有四十多歲了。

「二人既被釋放，就到會友那裡去，把祭司長和長老所說的話都告訴他們。他們聽見了，就同心合意地高聲向神說：『主啊！祢是造天、地、海，和其中萬物的，祢曾藉著聖靈，託祢僕人——我們祖宗大衛的口，說：外邦爲什麼爭鬧？萬民爲什麼謀算虛妄的事？世上的君王一齊起來，臣宰也聚集，要敵擋主，並主的受膏者（或作：基督）。希律和本丟彼拉多，外邦人和以色列民，果然在這城裡聚集，要攻打祢所膏的聖僕（僕：或作子）耶穌，成就祢手和祢意旨所預定必有的事。他們恐嚇我們，現在求主鑒察。一面叫祢僕人大放膽量講祢的道，一面伸出祢的手來醫治疾病，並且使神蹟奇事因著祢聖僕（僕：或作子）耶穌的名行出來。』

「禱告完了，聚會的地方震動，他們就都被聖靈充滿，放膽講論神的道。

「那許多信的人都是一心一意的，沒有一人說他的東西有一樣是自己的，都是大家公用。使徒大有能力，見證主耶穌復活；眾人也都蒙大恩。內中也沒有一個缺乏的；因為人人將田產房屋都賣了，把所賣的價銀拿來，放在使徒腳前，照各人所需用的，分給各人。」（使徒行傳四章1～35節）

這些經文的信息令人振奮，讓人只想繼續讀下去！但是，這些不一定是過去才會發生的事件。

當我將書架上那些有關禱告的書瞄過一遍，我注意到許多書的書名都包含了「私下」或「個人」二字。魏德海（Leslie Weatherhead）寫了一本《個人的禱告屋》（A Private House of Prayer，暫譯），而約翰・白貴（John Baillie）也寫了一本非常著名的《私禱日新》（A Diary of Private Prayer，中文版由基督教文藝出版社出版）。我不想吹毛求疵，但我要重複前面所說的：對基督徒而言，沒有所謂的個人禱告一事，因為在基督徒的想法中，禱告時至少有四個參與者。如果你是一位基督徒，至少要有四個參與者（父、子、聖靈，以及你自己），你才能禱告。但

我想其他力量會立即嘗試介入。我們討論了魔鬼的干涉，牠會入侵你的禱告，並帶那些執政和掌權的隨著牠；我相信天使也參與你的禱告，我相信天使、天使長和所有天上的大軍都和你一起禱告。我特別想要思考和眾聖徒一起禱告這件事。我不相信沒有其他聖徒，你可以禱告。如我先前所提，耶穌說，如果你想要暗中禱告，那就進入一個房間，關上門，獨自一人禱告。但這意味著和眾聖徒一起禱告，因為你應該如此禱告：「我們在天上的父，願人都尊祢的名為聖……我們日用的飲食，今日賜給我們」——雖然房間裡只有你一個人，但你是和眾聖徒一起禱告。換句話說，一旦你成為基督徒，你就不再是單獨的個人，你成為身體中的一個肢體。即使你是自己一個人，作禱告的是整個身體。其他宗教才會談論個人的禱告，才會認為禱告時只需兩個參與者——你自己和神。在聖經裡，團體的禱告**才是**禱告，即使你是獨自一人，所有的禱告都是團體的禱告，都是眾聖徒的禱告。

這件事顯明在耶穌所做的事裡。經常地，當祂以非常個人的方式向祂的父禱告，祂並非獨自一人。暫且思考路加福音九章18節，這處經文告訴我們，當耶穌獨自禱告時，祂的門徒和祂在一起！當祂想要私下禱告，想要向祂的父作個人的禱告，祂會帶著彼得、雅各和約翰同行，希望得到他們的扶持。說來不可思議，這種情況屢見不鮮。

我認為耶穌的禱告是約翰福音第十七章，這是在祂死前的那一晚，祂對祂的父所作的禱告，而且是一個非常親密的、個人的禱告：「父啊，我感謝祢，因為在未有世界以先，我與祢同享榮耀；我也感謝祢，因為祢要將這榮耀重新賞賜給我。」祂也為許多其他事情感謝神。但是，祂在哪裡作這個禱告？祂和眾聖徒一起作這個禱告；祂在所有的門徒面前作這個禱告。後來在客西馬尼園，當祂即將投入祂生命中最大的爭戰，祂要門徒保持儆醒——儆醒並禱告。這就好像祂在說，祂要和聖徒在一起，要被他們圍繞；祂需要他們的幫助和扶持。如果耶穌需要這些，你也需要，和眾聖徒一起禱告是很重要的。除了思想耶穌說的話，也要思想耶穌做的事。

禱告永遠是集體的禱告。記住，不管你何時開始和天父說話，你是加入數以千計其他聖徒的行列。如果你和其他人同時出聲禱告，神仍然可以清楚聽見每一個禱告。我們是和所有的聖徒一起禱告。

我想要簡單、扼要地從四個角度，來討論和聖徒一起禱告這件事。首先，我要討論一起禱告的聖經根據；第二，我要討論一起禱告的附加好處；第三，我要討論一起禱告的實際問題（你可能和我一樣非常了解這些問題）；第四，我要討論一起禱告的情況，我稱之為「同心圓」。

首先，我們要討論聖經的根據，而我只舉新約為例作

說明。在此，我想要提到新約的四個部分：福音書、使徒行傳、書信，以及啟示錄。你是否知道，在新約的這四個部分，一起禱告的例子多於獨自禱告的例子？福音書裡的應許幾乎都是給一起禱告的人，而不是給獨自禱告的人；使徒行傳的禱告方式幾乎都是一起禱告，而不是單獨禱告；書信裡的訓誡幾乎都是有關一起禱告的訓誡。最後，啟示錄裡的預言是有關一起禱告的人。這個事實讓我們必須重視一起禱告這件事。

　　首先，讓我們舉福音書的應許為例。一個例子就是耶穌所說的話：「我又告訴你們，若是你們中間有兩個人在地上同心合意地求什麼事，我在天上的父必為他們成全。因為無論在哪裡，有兩三個人奉我的名聚會，那裡就有我在他們中間。」除非你和一、二個人一起禱告，否則你無法宣告這個應許是給你的。如果你總是獨自禱告，你就必須將這個應許擱在一旁，而且它是主耶穌的一個應許。

　　但是，當我查考約翰福音第十四、十五和十六章，我發現一些有助於了解的重要事實。那是在耶穌死前的那一晚，當時，祂給門徒在禱告上的教導多於先前的任何時候。祂想要教導他們，如何在祂離去後與天父保持連結。

　　他們已經和天父「住在一起」三年了，因為耶穌說：「人看見了我，就是看見了父。」祂就要離開他們，而祂希望他們學習和神保持連結。因此，祂賜給他們許多明確

的應許，而每一個應許都包含了「奉我的名」這幾個字：「你們奉我的名無論求什麼，我必成就。」但是，當我們讀到這些話的希臘原文，我有進一步的領悟。在英文裡，「you」這個字可以指單數或複數，可以指你或你們。因此，當我們讀英文聖經，我們不知道耶穌究竟是指你或你們，但在希臘文裡，我們可以分辨這兩者，而所有這些關於禱告的應許都是賜給「你們」，而不是賜給「你」的。耶穌並不是說「你們每一個人或你們任何人奉我的名求」，耶穌是說「你們一起奉我的名求」。這一點讓我們以不同的眼光來看這個問題，不是嗎？**你們一起**：這就像「有兩三個人奉我的名聚會」。一起禱告有一種特質，按照這些應許，三個人分開禱告無法達成的目標，三個人一起禱告就可以達成。

接下來，讓我們討論使徒行傳裡的實例。在我們的主升天和五旬節之間的那十日，門徒在做些什麼？他們在禱告，但是，他們如何禱告？他們是否每一個人都去到一個房間，並說：「主，用祢的聖靈充滿我」？不是這樣，他們都聚在一起，並說：「主，用祢的聖靈充滿我們。」一起祈求被聖靈充滿，比獨自祈求被聖靈充滿更有力。太多人私下尋求被聖靈充滿。就某一意義而言，他們寧願這件事在私底下發生，因為如此一來，他們就不會覺得太難為情。一群人聚在一起有某種力量。讓一百二十個人聚在一

起禱告，直到主以聖靈充滿他們，那時就會發生神蹟和奇事。在使徒行傳第一章，他們並非個別地祈求被聖靈充滿，而是聚在一起。童貞女馬利亞也在那兒，她不知道她即將被聖靈充滿、並說其他語言，但這些事確實發生了！聖靈第二次降臨在她身上，但這一次，她是一起禱告的一群人中的一部分。

然後，在使徒行傳第二章，他們讓三千人決志。如果你每天能讓一百二十個人一起禱告，你會看到神蹟！現在，留意發生了什麼事！他們為決志者施洗後，便教導這些人接下來如何過基督徒的生活。而他們給這些人什麼教導？從一開始，他們就教導這些人聚在一起聆聽教導；他們教導這些人聚在一起，彼此相交、擘餅和禱告。這件事吸引了我。翻閱聖經，我們會讀到一些有關禱告會的生動記載。使徒行傳第四章提到一次禱告會。有人告訴他們，不可再提耶穌的名，所以他們聚在一起禱告，而你知道他們禱告些什麼？他們說：「主，幫助我們放膽奉耶穌的名對人講論。」他們沒有說：「主，讓我們安靜。」或「主，讓我們自制。」他們聚在一起。當你們聚在一起，就可以求主賜給你們膽量。惟有當你們獨自一人，撒但才能夠個別擊破。但是，當你們聚在一起求神讓你們放膽講論，你們就能夠放膽講論。聚在一起求神賜下勇氣意味著相互扶持。的確，我相信每個地方至少都應該有兩個基督

徒；獨自一人時，基督徒才會軟弱。你的辦公室至少應該有兩個基督徒。如果你的辦公室只有你一個基督徒，求神差遣另一個基督徒和你一起，如此，你們至少有兩個人在一起禱告。如果一人可以追趕一千人，兩人就可以讓一萬人逃跑（參考申命記卅二章30節）。我無法解釋神的數學，但它就是管用！

然後在第八章，你再度讀到祈求聖靈帶著大能降臨，而且那是**眾人一起**禱告——他們並非私下或個別禱告，而是一起禱告。或者，翻到使徒行傳第十二章，我認為這裡的禱告會是最有趣的禱告會。有人被關在牢裡，那是彼得，他們都在禱告會裡為他禱告。當他們禱告時，有人來敲門；一個女孩從座位站起來，去開門，她告訴他們，那是彼得。他們說：「不可能，我們正在為他禱告，他被關在牢裡。」你可以按照自己的意思解釋這件事，但我的解釋是缺乏信心。他們不敢相信當他們禱告時，立即有人來敲門回應他們的禱告。但是，他們一起為那些被關在牢裡的人禱告，而我們也可以一起為那些被關在牢裡的人禱告。翻閱聖經，你會發現被神稱為宣教士的人，是一群一起禱告的人；而我告訴你，每一個差遣宣教士到國外宣教的教會，都是一個一起禱告的教會。當教會一起禱告，神就會揀選人去完成特別的任務。

現在，翻到書信的部分。當你閱讀保羅的書信，你

禱告的黃金法則

是否曾經數過有多少次,他要收信者禱告?但你是否知道,每一次他要求收信者禱告,都是使用複數的「你們」(you)。而且他總是暗示,他不只希望他們在私禱中記念他,也希望他們聚在一起為他禱告?希臘原文比英文譯本更清楚地說明了這一點。

最後,翻到啟示錄的預言。對基督的教會而言,末世將是非常艱難的日子。信徒將受到逼迫,敵基督將作王,信徒將大大遭受迫害。教會如何針對這些即將到來的艱難日子保護自己?聖徒禱告的香就是教會的保護。在啟示錄,香從聚在一起的聖徒那兒往上升。他們在一起禱告,並在禱告中相互扶持。一起禱告帶來一種安全感,使他們在面對敵人的攻擊時得以彼此扶持。仇敵喜歡讓我們落單,然後將我們一一擊跨。

這就是一起禱告的聖經根據。新約有多處經文談到單獨禱告,但是,談到一起禱告的經文更多。

現在,讓我們來討論附加的好處。基督應許如果兩、三個人奉祂的名聚會,祂就會在他們當中。然而,除了這個應許,一起禱告還有哪些個別禱告所沒有的好處?

我找出三種好處:

1. 一起禱告將禱告變成一所學校。
2. 一起禱告將禱告變成一座壁爐。

3. 一起禱告將禱告變成一個發電廠。

　　一起禱告將禱告變成一所學校。我從聆聽別人禱告所學習的，多過我從書架上那些關於禱告的書所學習的，也多過我從所聽過一切關於禱告的講道所學習的。學習如何禱告的最佳方式，就是聆聽別人的禱告。這樣做確實會在禱告中激勵你，使你看到新的可能性。你心裡想：我從來沒有想過需為那件事禱告。這會讓你想要擴展自己的禱告。因此，我為那些讓我能夠聆聽眾聖徒禱告的團體讚美神。就某個角度而言，聆聽眾聖徒的禱告可以糾正你自己的禱告。你不再為自私的目的禱告，你開始得著更廣闊的眼界，使你能為更大的目的禱告。這樣做將救你脫離向來恪守的老方式，因為不同的人所作的禱告會讓你更加了解禱告。

　　第二，一起禱告讓禱告變成一座「壁爐」。我的意思是什麼？你從火裡取出一塊熊熊燃燒的煤炭，將它獨自放在壁爐裡，然後看看會發生什麼事？它本身熱的潛能並沒有改變，但是，它變冷了！它裡面仍然有燃燒的燃料，但是，它變冷了！如果你立即將它放回其他的煤塊當中，它又會重新變熱。馬丁路德在日記中寫道：「當我在自己的家裡，我裡面並沒有熱情或活力，但是在教會裡，當一大群人聚集在一起時，我裡面的火被點燃了，開始熊熊燃燒

了。」這是這位偉大的宗教改革領袖的誠實話。他是在說：我必須在壁爐裡。無疑地，如果你私下禱告時缺乏熱情或活力，如果你覺得那是一件難事，你必須進到壁爐裡，置身於熱媒塊之間，你可以將那裡的光和熱帶回到你自己的禱告生活中。

所以首先，一起禱告是一所學校。在此，你可以藉著聆聽別人的禱告學習更多有關禱告的功課；第二，一起禱告是一座壁爐，你可以感染那裡的光和熱，然後開始變得火熱；第三，一起禱告是一個發電廠。

每當我敢大膽地走出自己的領域，這個領域就出現了一個專家！但是，就如我所了解的，導電的纜線是由幾條綁在一起的小電線組成的。綁在一起的電線比分開的電線能傳導更多的電力。下一次當你將插頭插入插座時，看看裡頭的花線，那是由許多股小電線組成的。這些電線被綁在一起時，可以傳導許多電力，而神似乎以這種方式制定了禱告的方式。因此，許多人一起禱告時，禱告會更加有力，因為他們在一起。不要問我這件事如何運作，但是，這似乎是亨利‧德拉蒙德（Henry Drummond）所說的，屬靈領域自然法則的另一個實例。

許多年前，上海有一間只有六十個會眾的教會，他們只是保持現狀，似乎什麼事也沒發生。所以，他們該怎麼辦？他們將六十個會友分成十組，每組六人。有些人會

說：「這是一個機械性的作法，你試圖替聖靈做祂的工作。」但是，因著我即將告訴你的理由，我寧願待在上海的這間教會。他們假設每一個會友都準備和其他會友一起禱告——這確實是一種假設，但是，他們成功了。他們說，由於這是新約基督教的一個正常部分，所以，若有一個未加入禱告會的會友乃是一種自相矛盾的情形。他們讓每個會友在工作天花一個小時禱告。我不知道他們如何將禱告時間排入工作中。我想，他們多半是個人工作者、或者從事土地相關行業、可以安排自己工作時間的人。一個六人組成的小組從早上八點禱告到早上九點，然後，另一個小組從九點禱告到十點，依此類推。因此，每一天的日與夜，都有一個六人小組在持續禱告著。第一年（從他們開始採取這種禱告方式的那一天算起），他們讓一百一十四個人受洗；第二年，他們讓兩百人受洗。他們只對自己的情況作了一個改變：現在，他們一起禱告——不是在大型的教會禱告會中一起禱告，而是在由六人組成的小組中一起禱告。這是他們的訣竅。這真是有趣！我相信是這樣——試試看吧！我們必須增加這個國家基督徒的百分比。當你讓百分之五的人口相信基督，你可以改變大眾的看法，因而改變大眾的傾向。我們如何做到這一點？如果我們按照這間上海教會的方法去做，不久，我們就可以完成這個目標。我要向你提出這個挑戰。

當我在加拿大時，我遇到馬蓋文（Donald McGavran）博士，他是一個個子小、腰背挺直、頭腦靈光的人，他將畢生部分的心血投注在研究並撰寫有關教會如何增長方面的書。他曾去到世界各地，分析、研究、質疑、觀察、詢問教會如何增長，並提出這方面的問題，而他的著作甚豐。他並沒有提出過於簡化的答案，他說有許多不同的因素在運作著（有些教會有一個偉大的佈道家，有些教會則有很好的建築物等等）。但是，世界各地每一間迅速成長的教會都有一個共同點：有基督徒組成的小組定期聚會，靠著耶穌的名、並奉耶穌的名為非基督徒禱告。你無法在一大群人當中這麼做，無法在公共場所這麼做，但是，你可以在一個兩、三個人聚集一起的小組中這麼做。

第三，我想要討論一起禱告的實際問題。在這方面，的確存在著一些實際問題。我想到六個問題，我相信你可以再加上一些問題。我差一點就列出六種在一起禱告中製造問題的人，但那樣做不好！我們只是要指出問題，而不是要指出製造問題的人。如果批評合宜，大家都可以接受。

第一個問題，是禱告中有人不願意開口。當我們聚在一起禱告，每個人都應該準備禱告，保持沉默確實會妨礙禱告會的進行。很少有問題是出於身體。我知道有個人患

有極嚴重的口吃。如果你對他說「早安」，他會結結巴巴地說「早……」，然後才能完整地說出「早安」。但神掌管了他，當他去參加禱告會，主讓他說話變得十分流利，他口中的話傾瀉而出。他去禱告會禱告，是他從口吃脫離的惟一時刻，這不是很美妙嗎？主並沒有醫治他和別人說話時的口吃毛病，但是，主要人和祂說話、在禱告會中和祂說話，所以祂將他從口吃中釋放出來，讓他可以滔滔不絕地禱告。我從來沒有聽過這樣的禱告。

不，障礙經常是心理上的。我們可能被緊張、驚恐、害怕、難為情擊垮，於是，障礙就產生了。然後，像埃及法老一樣，我們的喉嚨有蛙災（譯注：英文裡的a frog in the throat〔喉嚨裡有一隻青蛙〕是指「聲音沙啞說不出話來」）！我們心裡想：「如果我開始了，我要如何停下來？」或者「如果我無法繼續禱告下去呢？」或者「如果我說不出話來呢？如果我的腦中一片空白呢？反正這裡有人比我更會禱告；我的禱告會被拿來作比較；他們會一直想著我的禱告；他們心裡會想：『所以他就是這個樣子。』」所以，我們把嘴閉上。

我的祖父是一位牧師。一個星期天，他去到一戶人家吃午餐。顯然這個家的人從來不作謝飯禱告，但是，由於我祖父穿著有牧師領的襯衫，所以那個妻子開心地對丈夫說：「親愛的，你要不要作謝飯禱告？」他看起來相當震

驚！然後，他開始禱告；唸完了詩篇第廿三篇，又唸主禱文，然後又唸了他所能記住的「短禱文」（Collect）的每一個片段，但他就是不知該如何結束。我的祖父很有幽默感，他突然大聲說「阿們」，結束了那個丈夫的禱告。那個可憐的傢伙感到相當困窘！

當一個向來沉默的人開口禱告，不管多麼簡短，我常常覺得這種禱告顯然最有用。當這樣的人克服了心理障礙，他們的禱告往往十分真誠。有一次，一個女人跑來對我說：「我願意在教會泡茶、擦地板，什麼都行，但是，不要叫我在禱告會中禱告。」

我說：「哎，你真的想要禱告嗎？我認為這是一個關鍵問題：不是你是否會禱告，而是你是否想要禱告？」

她注視著我良久，然後回答：「是的，我想要禱告，我希望我能夠禱告。」

我說：「好，你是否可以在六個星期當中，照我的話去做？」

她回答：「是的，我願意。」

我告訴她，下一次禱告會是在下週，我說：「我要你回家；我要你拿出一小張紙和一支筆，寫出一個不超過一個句子的禱告詞，然後在結尾寫**阿們**。我要你下個星期來參加禱告會。輪到你禱告時，只要唸出那個句子就好。」她這樣做了，那是一個可愛的小禱告，她唸出那個句子，

然後，當她說出「阿們」，她就停住了。我說：「下一週，我要你寫出另一句禱告詞，但是這一次，我要你把這個句子記在心裡。」然後，我們一步步地讓她跨越在公開場合聽見自己設法完成禱告的心理障礙。在六個星期內，她開始禱告，並且喜歡禱告。主想要處理你的心理障礙，因為祂要你禱告，祂要你能夠參與禱告。祂不要你有自卑情結。

但我相信還有其他理由，使得人們在禱告會中保持沉默。這些理由可能是屬靈的理由。我注意到，心裡懷有苦毒或怨恨的人，往往在禱告會中保持沉默。他們必須先處理這些問題，才能暢然無阻地禱告。他們必須解決這些問題。羅伯特‧路易斯‧史帝文生（Robert Louis Stevenson）有一個習慣：每一天，在和他的家人吃早餐前說主禱文──只是說主禱文。有一天，他開始說：「我們在天上的父……」，然後，他停下來、站起來，跑進廚房。

他的妻子去到他那兒，說：「你還好吧？」他說他很好；他的妻子說：「那麼，你為什麼沒有作完禱告？」

他回答：「我不適合禱告。」她的妻子問他為什麼，他說：「因為有一個人我無法原諒。」這真是誠實。如果沉默是出於這個原因，我們就必須處理這個問題，必須將這個問題帶到主面前。或許你充滿怒氣，或許你喜歡和人爭吵，或許你有些靈裡的問題使你保持安靜。提摩太前書

禱告
的黃金法則

二章8節說，當你禱告時，你必須有純潔的動機。

第二個問題是一個實際的問題：有些人的禱告是別人聽不見的，他們似乎是對著自己的鞋子禱告。如果你要和別人一起禱告，基於對在場其他人的愛，你必須抬起頭、提高音量、大聲禱告，務必讓其他在場的人聽見你（不要讓你的音量保持在獨自禱告時的水平）的聲音，如此，他們就可以分享你的禱告。

第三個問題是冗長的禱告。教會會眾或甚至禱告會，無法讓每一個會友作太長的禱告。有些人認為，教會典型的情況頂多只能讓一個人公開禱告一分鐘。我不知道他們做了什麼樣的研究（我知道有些教會可以給每個人更長的禱告時間），但他們的意思是，在公開的聚會中禱告一分鐘後，第一個禱告者會開始分心，很快地，其他人也就會步此後塵。公禱書（the Book of Common Prayer）的編撰者明白這一點，所以刻意寫出供人們共用的公禱文，而這種「公禱文」通常不會超過一分鐘。這是根據一個非常可靠的原則。他們明白作許多簡短的禱告勝過作一個很長的禱告。問題是，為了反擊政府對於公禱書的政治性利用，不願受約束的教會反對簡短的禱告和禱告書裡的禱告，而我認為，這是一種可悲的做法。禱告書裡有許多我們可能忽視的寶貴禱告。有些人可以即席作出長長的禱告，而我們認為，這些禱告比出自公禱書的短禱文更屬靈。然而，

某些短禱文雖然簡短，卻十分深刻。「全能的神，所有的心都要向祢敞開。祢知道我們所有的慾望，沒有一個祕密瞞得過祢；求祢以聖靈的啟示潔淨我們的心思意念，使我們可以完全愛祢，並以正當的方式尊崇祢的聖名，奉我們主基督的名禱告，阿們。」這是一個內容豐富的美好禱告。如果我們想要一起禱告，我們必須學習簡短扼要。冗長的禱告會讓許多人起反感。

當威爾弗雷德‧格倫費爾（Wilfred Grenfell）爵士還是倫敦的一個醫科學生時；一天晚上，他從醫學院回家的途中看見一個大帳篷。他走進去，發現自己來到一個復興特會中。講臺上有個人正在禱告，而他的禱告沒完沒了。威爾弗雷德對基督教沒有興趣，只是覺得好奇。當他站起來、想要走出去時，特會的主席站了起來，說：「朋友們，在我們的弟兄結束禱告時，讓我們一起來唱一首詩歌。」於是，全體會眾突然都唱起歌來。這人的常識讓威爾弗雷德印象深刻，所以他說：「我要留下來。」他決志了，並且後來去到拉布拉多半島（Labrador）宣教。（我認為這是一件令人振奮的事，不是嗎？）我們會很感激那位主席縮短了那人冗長的禱告！

接下來的問題是千篇一律的禱告。有些人每一次都作相同的禱告，即使在即席禱告中也有自己的「禱告儀式」。曾有一個人每週在禱告會中作這個禱告：「主，掃

禱告的黃金法則

除我們心裡的蜘蛛網。」他們對此感到非常厭煩，所以有一天，一個坐在後面的年輕人站起來，說：「主啊，把那隻蜘蛛殺死吧，阿們！」

　　有些方法可以對付這種千篇一律的禱告。我想，主有時候希望我們能夠自嘲。也許你聽過諾曼·史耐斯（Norman Snaith）教授。如果你對舊約神學稍有涉獵，你會知道他是英國最傑出的學者之一。當他在里茲（Leeds）帶領學院的禱告，他有一個令人不安的作法。他總是走入學院的附屬教堂，來到前面的禱告桌旁，然後說：「主，早安。」這讓一些學生覺得很不舒服。他繼續這樣做，每一次總是說：「主，早安。」所以有一天，當他走進來說「主，早安」，一個坐在後面的學生回答說：「早，史耐斯！」從此，他再也沒有這麼做了。有些方法可以糾正這些情況，但是，在一些嚴肅的事上，我們的用詞常常容易淪於常規，這會毀掉一個禱告會。當我們去參加禱告會，我們必須這樣禱告：「讓我今天早上能有新意。」

　　第五個問題是：有些人在公開場合禱告，就好像獨自一人在禱告。這是一個比較難解的問題。有些人的禱告比較適合在臥室進行。我是指那些在公開場合禱告時，不斷提到「我」的人；還有那些就某一意義而言，讓人只注意他們自己以及他們屬靈歷程的人。當我們一起禱告，我們

不應專注於自己，而應嘗試在禱告中讓別人和我們一起來到施恩的寶座前。你必須留意，才能避免將臥室的禱告轉移到教會的禱告會上。

最後是不連貫的問題。我的意思是，在一個禱告團體裡，主讓禱告有一個流。祂設定了一個模式，如此，每一個禱告都出自前一個禱告；然後，這個模式就逐步成形了。留意傾聽禱告的流；傾聽前一個人的禱告，並要明白接下來。是我個人小小禱告可以加入的時刻，而我的禱告正好配合別人的禱告。也許你進入一段美好的感恩禱告中，別人的禱告引導你讚美神；然後，有個遲到的人一進來，就脫口說出：「主，請祝福史密斯太太，祢知道她去醫院了。」於是，整個禱告的流就被打斷了。會有一個為史密斯太太禱告的時間，主會帶領禱告者進入適合為史密斯太太禱告的時間。但是，當我們一起禱告，我們必須夠敏銳，應該說：「聖靈要將我們的禱告帶到哪裡？」聆聽在你之前的禱告，不要只是惦記著自己的禱告，並且心裡想：「好，有人停下來，我就要插入我的禱告。」要說：「主，祢要我何時插入我的禱告？」如此，禱告的流就會持續，而主就能夠帶領禱告會。這些是幾個實際的問題。

所以，我們討論了聖經的根據、附加的好處，以及實際的問題；而現在，我們要來討論「同心圓」。這就好像你將一顆石頭丟入池塘裡，而漣漪愈變愈大。禱告的第一

個圓圈是兩、三個人；如果你覺得很難在較大的禱告會中禱告，我建議你找兩個人來、聚在一起，對他們說：「讓我們每兩個星期聚會一次，一起禱告。我害怕和十或十二個人一起禱告，但我不介意你們兩個人過來和我一起禱告，我會學習如何禱告。」這是原始細胞。坦白說，我寧願看到一百個細胞，勝於看到一個大型教會的禱告會，因為我認為這會鼓勵更多的人禱告。細胞的增長是很自然的事。

葛理翰曾經去一個鄉鎮，第一晚，他的呼召得到了非常熱烈的回應，比他主持過的任何佈道會第一晚的回應更加熱烈。他不明白，這不符合向來的模式。因此，他作了一番詳細的調查，結果發現有六年的時間，兩位年長、單身、病弱、無法離開家的女士聚在一起禱告求神造訪他們的城鎮——只是兩位女士一起禱告！這個結果讓葛理翰大吃一驚！因此，起先只有一個小小的細胞。事實上，彼得在他的書信裡提到，最小的細胞可能是一對一起禱告的夫妻。

下一個圓圈是介於十到一百個人之間的禱告會。現在，問題變得更加尖銳一些；但是，可能性也變得更大。我向你談過那間上海的教會，但是，讓我只提一件事：我想重要的是讓鍋爐放入引擎，是讓參加禱告會的人參與教會的實際面；或者反過來，讓參與實際面的人參加禱告

會，否則你會發展出兩個教會（馬大的教會和馬利亞的教會），而且它們彼此需要。但是，還有一個更大的教會，那就是有時候教會需要聚在一起禱告。

第三個圓圈（更大的圓圈）是公開的崇拜聚會。在此，我們更難一起禱告，因為有太多的人。

讓我告訴你教會的吟誦是如何開始的——也許你不知道。在擴音設備出現之前，當龐大的教堂蓋好了，人們會走入教堂，大聲唱出一個音階。當他們唱到正確的音，教堂的建築物會震動。然後，他們便以這個音禱告，這就是崇拜吟誦部分的起源，而且它是一件切合實際的事。雖然現今它是不必要的，因為我們已經有了擴音設備。然而，讓每個人都聽見、都聚在一起，仍然是一件非常重要的事。

如我已經指出的，按照禱告書禱告仍然是有用的；使用一本詩歌本不就是一起禱告嗎？我們需要更多的調和，而一起使用已經寫好的禱告文是有必要的；如此，我們就可以更多連結而成為一個大團體。就因為如此，我們使用自由的禱告形式，也使用禱告書裡的禱告；我們一起唱詩歌、一起讀經文，而這也是我們唱詩歌的原因。有人認為比較屬靈的作法是不唱詩歌本的詩歌，不使用禱告書的禱告，或者完全自發性地唱歌和禱告。但這是一種愚蠢的想法。會眾的人數愈多，就愈需要一些能夠讓一大群人結合

起來、並迅速進入共同禱告的話語。作謝飯禱告就是一個
例子。順帶一提，一聲響亮的阿們也是一大激勵。如果你
真的認同一個禱告，不要害怕說阿們或哈利路亞。不管會
眾的人數有多少，主喜歡一聲響亮的阿們。我們都可以一
起說阿們，都可以向神獻上阿們。

　　還有一個更大的圈子，即全世界耶穌基督教會的圈
子。每當我們當中任何人加入崇拜中的禱告，我們就不是
孤獨的，因為我們是和全世界的整個教會一起禱告；我們
是和眾聖徒一起禱告，哈利路亞！此時此刻，有一個完整
的廿四小時禱告循環正在進行著。

　　你是否知道「晨昏頌禱」（The Day thou gavest, Lord,
is ended?）這首詩歌？這首詩歌裡有下面這些歌詞：

　　當黎明在每一塊陸地和島嶼
　　揭開另一天的序幕，
　　禱告聲不曾沉寂，
　　讚美的詩歌也沒有止息。

　　在禱告中，我們是全世界禱告鍊的一個環節，我們和
眾聖徒一起禱告。

　　最後，還有一個更大的圈子，一個包括地上和天上的
圈子：「和天使、天使長，以及天上所有的天軍一起禱

告」——這是出自一本書的話，但是，這些話對你沒有任何意義嗎？這些話暗示著我們屬於一個大圈子。個人的禱告？沒有這回事。我記得我曾經去探望一個可愛的獨居老太太，很少人去看她，但她是神的一個可愛聖徒。除非有人去看她、並和她一起禱告，否則她無法參與任何禱告會。我說：「你是如何辦到的？你不覺得這個情況有點令人沮喪？」她說：「不會」，而我永遠忘不了她的話。她說：「當我躺在床上，當我禱告，所有的天使都和我一起禱告。」每當她禱告，她就舉行一次禱告會。她的禱告從來不是個人的禱告，因為每當她在那間小小的房間禱告，她就被眾天使圍繞著！她明白基督徒的禱告就是和眾聖徒一起禱告。

為什麼神比較喜歡我們聚在一起？為什麼當我們聚在一起，我們的禱告比較能夠蒙神垂聽？必然有一個原因可以解釋這件事。雖然我答應過我的孩子不在我的書裡提到他們，但我要請求他們原諒我提到一件事：我記得當他們三人即將考試，他們聚在一起擬出一份協議書要我簽名。他們為了這件事商議許久，終於算出如果他們以優異成績通過考試，對他們父親的驕傲而言，這件事值多少錢？他們仔細在協議書的邊上算出錢的數目，然後三人都同意了，就一起將這份協議書拿來給我簽名，希望他們的努力可以得到金錢上的回報！所以，我仔細地把這份協議書讀

過一遍，然後說：「只漏掉一件事，這份協議書沒有說，如果你們沒有通過考試，你們欠我多少錢！」所以他們回去，重新思考這件事，並計算如果他們沒有通過考試，應該欠我多少錢。我們仔細地擬好這份協議書，然後，我簽了名。之後，這份文件被保存在屋子裡一個安全的地方，等到適當的時機才會被拿出來。我是一個父親，神也是。重點是：當孩子們聚在一起，就某事達成協議，在某件事上意見一致，父親會更加樂意回應他們。因此，如果他們確實想要某樣東西，就讓他們在愛裡相聚並且有良好的關係，彼此意見一致。當他們在某件事上意見一致，並且帶著這個請求來到父親面前，父親會覺得很難拒絕他們。為什麼？你喜歡看到你的孩子彼此合作，不是嗎？神是一個父親，祂喜歡看到祂的家人取得一致的看法；祂喜歡看到他們彼此合一；祂喜歡看到他們同心合意。在五旬節那天，當門徒們不只聚在一處，也同心合意地禱告，祂就將祂的聖靈澆灌下來。祂想要祝福一個家庭；祂想要以聖靈充滿祂的身體；祂想要以祂的愛充滿祂的家庭；祂想要將恩賜賞賜給我們。因此，祂從天上察看我們，等待祂在地上的孩子同心合意、彼此合作，並像一個家庭那樣地來到祂面前。我只能以我所了解有關天父的法則，來解釋新約中關於和眾聖徒一起禱告的教導。因此，讓我們大膽來到施恩的寶座前，求神施恩幫助我們。

禱告

父神，我們感謝祢讓我們在主裡同心合意地聚在一起。我們感謝祢，因為祢的旨意就是我們應該一起禱告、應該彼此相愛，並一起將我們的祈求帶到祢面前。我們為了同心合意的禱告力量向祢獻上感謝。主，現在我求祢讓我們教會的每一個人不只來參加崇拜聚會，也在禱告中和其他人相聚一起，不管這個禱告小組是多麼小。如此，或許我們會看見一股禱告的浪潮，並看到祢施展大能、成就大事。主，我們向祢祈求一個禱告的教會；向祢祈求我們能有幾個具有異象的禱告小組，他們彼此同心合意、行在愛裡，並像孩子那樣一起來到祢面前說：「爸爸，祢是否可以做這件事，因為我們同心合意地希望祢這樣做？」我們知道祢愛我們，知道祢希望透過我們來榮耀祢的名。我們奉耶穌的名、並為了耶穌的緣故祈求。**阿們**。

禱告
的黃金法則

6

獨自一人禱告

讓我們總結到目前為止，我們所提有關基督徒禱告的特質。

首先，這是一種對父神所作的禱告。其他宗教都沒有這種禱告——其他宗教都不敢教導信徒來到天上的爸爸面前，並呼叫祂。對許多人而言，這樣做顯得過於親密、過於隨便。

第二，我已經解釋對基督徒而言，禱告是對耶穌禱告，我們可以讓祂在請願書上簽名。當你得到祂的簽名，你就得到回應，就得到你所求的；你「讓支票兌現」了。在其他宗教並沒有這樣的事。

第三，世界上惟有基督徒可以**在聖靈裡**禱告。我們將討論這件事的意義。沒有一個人擅長禱告，我們天生就不擅長禱告，神很清楚這一點。祂明白我們不知道如何正確地禱告，但是，我們的軟弱有聖靈幫助。其他宗教都無法讓神的聖靈幫助他們勝過這種軟弱，這一點讓基督教顯得特別。

　　第四，當我們禱告，我們是在抵擋魔鬼。我已經給你一些有關這件事實質意義的提示。當你以禱告抵擋魔鬼，魔鬼會攻擊你，而祂最喜歡的武器之一，就是讓你生病。祂可以用這個方式將人捆綁。所以，這是禱告的另一個層面。坦白說，魔鬼不太擔心其他宗教的禱告，因為那些禱告反正沒有什麼功效。祂的攻擊目標是具有生命的禱告，而不是沒有生命的禱告。

　　我們也討論了和眾聖徒一起禱告。和一群認識神的人一起禱告是少數幾種美好的經驗之一。一起對神說話、和眾聖徒一起禱告，乃是一種獨特的經驗。在其他宗教中，你可以和其他人一起禱告，但惟有在基督教，你可以和眾聖徒一起禱告。聖徒並不是那些**嘗試**來到神面前的人，而是那些已經來到神面前、正在通往榮耀途中的人。

　　現在，我們要開始討論獨自一人禱告，這不是關於「個人的禱告」，而是關於「暗中的禱告」。兩者的差別也許只是一種吹毛求疵，但我所說的「暗中的禱告」是指

別人沒有看見的禱告；我所說的「個人的禱告」是指只有我和神在一起的禱告。我已經告訴你，對基督徒而言，這種個人的禱告並不存在。如果我跪下來，魔鬼、執政者、掌權者都要來攻擊我，而天父聆聽我，耶穌加入我的禱告，聖靈幫助我，眾聖徒圍繞我，而且我感覺此刻為我禱告的一小群信徒正在扶持我。因此，這不是一種**個人**的禱告。但我們的禱告可以是**暗中**的禱告，這是我們的主的說法。祂說：「你禱告的時候，要進你的內屋，關上門，禱告你在暗中的父……。」祂從來沒有說，這種禱告是「個人的禱告」。有些人說，宗教的祕密就是祕密的宗教，這不過是一個陳腔濫調，但挺有用的。

　　聖經處處勸誡人要在暗中禱告。馬太福音第六章裡的登山寶訓提到這件事。耶穌並沒有說「如果你禱告」，祂說「你禱告的時候」；祂沒有說「如果你施捨」，祂說「你施捨的時候」；祂沒有說「如果你們禁食」，祂說「你們禁食的時候」。祂假定這三件事（施捨、禱告、禁食）已經是你日常生活的一部分，而且祂勸你進入一個房間、關起門，獨自一人來到神面前。聖經充滿了這類的例子。如果你研究聖經裡任何一位偉大人物的生命（不管是亞伯拉罕、摩西、以利亞、或但以理的生命），你會發現他們學會如何獨自一人來到神面前。最重要地，如果你研究我們主耶穌基督的生命，你會明白祂不時去到山上和祂

的父談話。這就是我們現在所討論的。

理論上，對基督徒而言，這應該是最容易的事。畢竟，如果你愛某人，難道你不想儘量多花時間和他們在一起？當我遇見我的妻子並愛上她時，我前往各地與基督徒同工在約克郡（Yorkshire）、諾丁罕郡（Nottinghamshire）和林肯郡旅行。只要可能，我們就傳福音。我們下到煤坑裡，在煤礦播掘面旁和礦工談話；我們進入酒吧；我們一起去到任何可以和人接觸的地方。和我一起去旅行的那個人注意到，我常常好長一段時間不見人影。我從來沒有告訴他我去了哪裡，但是他很快就明白我談戀愛了！當你真的愛上某人，你不會說：「哦，天啊，我必須嘗試今天至少花半小時和他（她）在一起。」如果有人說這種話，你想他們是在相戀嗎？當然不是。因此，理論上，如果我愛耶穌，我應該發現，花許多時間和祂在一起是件最容易的事。然而在實際上，許多基督徒認為那是最困難的事之一。

我想要實事求是。就禱告而言，我仍然處於初級階段，而我明白有些聖徒十分親近神，在這方面可以給我一些教導。說明這件事後，我想要討論這個非常實際的問題：為什麼在理論上，如果我愛我的耶穌，花幾個小時和祂在一起會很困難？如果那是我的妻子，為了和她在一起，我願穿著釘鞋、花六個小時陪她逛大英博物館，而這

禱告
的黃金法則

不一定是件有趣的事——因爲愛會讓你想要和你所愛的人在一起，你覺得很自在，不會不知道該說些什麼。所以，爲什麼我們覺得禱告很困難？

當你唱一首詩歌、或是基督教的歌，而那些歌詞所表達的是你當時並沒有感受到的對主的愛，你會有什麼感覺？當你唱著那些歌詞，你是否覺得有些罪惡感？果眞如此，我要嘗試幫助你，因爲虛假的罪惡感是建立禱告生活的最壞基礎。你確實必須對自己誠實，必須知道主要你禱告，要你得到任何你需要的幫助。

實際上，由於每個人的性情有別，困難也有別。例如，如果你是一個外向的人、一個直爽的人，你會發現，和眾聖徒一起禱告比你獨自一人禱告更容易；如果你是一個內向的人，一個比較傾向於內省的人，你會覺得獨自一人禱告比和眾聖徒一起禱告更容易。有些人比較不習慣暗中禱告，有些人比較不習慣在禱告會中禱告。但是，多數人都明白，有時候我們得面對困難。

有一個非常簡單而明顯的理由使我們很難說：「我愛耶穌，所以我可以輕輕鬆鬆花幾個小時與祂共處，和祂說話。」我還記得某個主日晚上所舉行的年輕人聚會。我們坐在草坪上作了番非常誠實的討論。有人說：「爲什麼花幾個小時和耶穌共處，會比花幾個小時和我的男朋友或女朋友相處更難？」我對這群年輕人解釋，如果我愛上一個

人，和這個人相處很容易的第一個理由是：我能夠透過肉體的感官和這人溝通，因為我可以從外在感受到這人的存在——我可以看到、聽到、觸摸到這個人，如果這個人使用香水或刮鬍用潤膚水，我可以聞到這人的味道！從外在感受這人的存在會帶來內在的感覺，而這些感覺可能是愉快的。但是，當我嘗試對耶穌禱告，我無法從外在感覺耶穌的同在，而且通常我的內在也無法感覺祂的同在。於是，問題出現了！

　　當我追求我的妻子時，我可以從外在感覺她的存在。我可以抱她、親吻她、和她說話。當我這樣做時，我有一種內在的感覺，這讓整件事變得十分愉悅。然而，當你在一個房間和一個看不到、聽不見、摸不著、聞不到的人共處；當你的內在並沒有回應這個人存在的感覺，你就有問題了。如果你從來沒有這方面的問題，你現在就可以把這本書放下來。有時候，你清楚覺察耶穌的同在，以致耶穌似乎變得太真實，使你幾乎招架不住。然而，也許這種情況並不是每一次都會發生。

　　所以，我們如何解決這些問題？也許有些讀者記得舊式的投幣式電話有一個A按鈕。如果你想讓硬幣掉下去、讓電話接通，你就必須按下這個按鈕。有一個人對我說：「對我來說，禱告就像沒有按A按鈕就講電話。」他說：「這就像自言自語。我似乎沒有和神接通。」我聽說一個

學童對他的校長做了這件事。那位校長拿棍子把他打了一頓，他對校長懷恨在心，所以他撥了校長的電話號碼，但沒有按A按鈕，然後，他把心裡對他的想法一五一十地告訴他。當然，此舉讓他發洩了一些怒氣！有些人認為，這和禱告有幾分相似：暢所欲言是很好的，禱告是很好的，但其實你只是在講電話，而電話的另一頭沒有人在聽。但這不是禱告，禱告是一種雙向的交談。因此，也許我們必須克服一種不真實感。

有一次，當我驅車從耶路撒冷北上撒瑪利亞，我看到海倫凱勒學校（the Helen Keller School），這是為感官受損的孩子（包括視力和聽力受損的孩子、耳聾和瞎眼的孩子，以及患有其他多重殘障的許多孩子）的需要而設立的學校。於是，我回想海倫凱勒這個不尋常的女人。她天生就是個瞎子和聾子，也幾乎是個啞巴——她從來沒有聽過別人說話，所以她不會說話，也因而無法和環境互動。而且，除了透過觸摸，她甚至無法和家人溝通。大多數人使用這些感官和別人接觸，然而由於缺乏這些感官，她必須作戰。一位名叫安‧蘇利文（Ann Sullivan）的女士接受了海倫，成為她的老師；他們必須作戰、必須奮鬥，這是一場真實的戰爭。但是，海倫終於突破了困難；她能夠和別人溝通，能夠和別人說話，聽別人說話，並且發揮了極大的影響力。當我想到海倫凱勒，我就想到，這正是我們

禱告時碰到的問題。我生來就看不見主、聽不見主，所以，我是個啞巴，我不知道該如何說話。我必須學習不靠感官溝通，因為我所擁有的其他每一個關係，都是透過感官建立起來的。但是，我無法透過感官和主建立關係，因此我必須學習。如果海倫凱勒可以學習，我也可以學習，況且我有一個比海倫凱勒的老師更好的老師——聖靈是一個很棒的老師，祂真的希望我能克服這個問題，希望我能明白我禱告的對象真的就在我面前，就像我的妻子在我面前一樣。我認為，這就是我們在禱告中初期努力的最終目標。

有許多事情必須被當成責任來學習，然後才能變成愉快的事，禱告可能就是如此。如果你曾學習彈鋼琴，你是否記得你曾經練過音階？對你而言，這是一個責任，還是一份愉悅？假如今天彈鋼琴變成一種享受，那是因為你已學會克服初期的那些問題。你是否記得你學會開車的時刻？離合器操作不當，讓車子作「袋鼠跳」！上了兩、三堂課後，也許你會感到灰心，並對那東西產生畏懼感，但你的教練會繼續逼你去克服這些問題。

現在，我相信對你而言，開車已經變成一件愉快的事，而你喜歡開車。不管是什麼，思考你真正喜歡做的事，並且問自己：起初是不是有一段時間，做這件事比較像一種責任，而不是一件愉快的事？如果這件事確實值得

去做，那麼，有一段時間，你得捲起袖子開始認真去做，並且持之以恆直到把問題克服。我不向你保證一條可以輕易來到神面前的路徑；我只是說，這件事不必一直停留在責任階段，而且不會一直停留在責任階段。但是有一段時間，你必須把它當成一種責任，必須學習自律，在起步階段尤其如此。

之前，為了證明一個論點，我比較了我對我妻子的愛以及我對主的愛；或者說，我比較了在這兩種情況中，愛如何化為行動。當然，我不能以我對妻子的愛來界定我對主的愛，你也不能這麼做，因為這是一種不一樣的愛。希臘人以不同的字來描述不同類型的愛，然而愛的表達方式存在著一些相似處（例如忠誠和責任）。主如何表達他對我的愛？是藉著對我懷有一種美好的愉悅感？不，祂的表達方式是毅然決定去做祂不想做、不喜歡做的事：上十字架。祂就是以這種方式表達祂對我的愛。如果我想要表達我對祂的愛，我就必須預備去做某件符合祂期待的事。在神的愛裡、在責任裡，有一種忠實的成分，將這種成分添加到人類的愛裡，人類的愛才會變得有價值。

我們在婚禮中做些什麼？是否只是承認兩人彼此相愛？不是，因為光是彼此相愛不足以讓我們白頭偕老，這樣的愛不夠穩定、不夠堅固。我們相戀、享受彼此的關係、彼此喜歡、彼此激勵、有共同的興趣。但這還不夠！

除了愛，我們還需要忠誠和責任，需要鄭重允諾不管情況好或壞、不管富足或貧窮，我們將永遠在一起，直到死亡將我們分開。我們需要將神的愛和人的愛結合在一起，需要將責任視爲我們愛的一部分。雖然當你在星期一早上清洗早餐的餐具時，你的感覺不一定和你在度蜜月時的感覺一樣，但那仍然是愛，因爲那是忠誠的表現。如果你愛你的主，你會如何表現你對祂的愛？不是藉著你心裡有種美好的愉悅感，而是藉著你遵守祂的誡命，藉著執行你的責任。這就是祂教導的愛。惟有學會執行責任的人，才會明白它是一件愉快的事。這是最基本的事，這件事牽涉到某種程度的自律。

你不需要將感覺隔離在禱告生活之外。所以，請不要這麼做。有些基督徒十分擔心他們的感覺會失控，所以他們讓自己相信他們沒有感覺，這真是可悲！要將感覺繫在信心上，不要將信心繫在感覺上。

讓我向你解釋我的意思。也許你覺得想在教會禱告，想要遠離老闆、遠離工作。隔天早上，也許你的感覺很不一樣——你不想和主說話。但我要你在這時候運用信心提醒自己：自主日晚上以來，情況、事實完全沒有改變。主日晚上以後，主是否死了？沒有；主日晚上以後，耶穌是否說過，祂不要回到地上了？沒有。現在，神的國不會降臨了嗎？不是這樣，神的國會降臨，什麼也沒改變。所

以，我的信心不必改變。雖然星期一早上，我覺得無精打采。因此，我可以按著我的信心禱告。當我思考神仍然坐在寶座上，耶穌仍然會回來，而神的國仍然會降臨，我就產生可以配合我信心的感覺。所以，不要排斥感覺。要讓信心牽動感覺，讓事實牽動信心。

在此，我要給你一個告誡：你可用看待洗冷水澡的態度來看待禱告。你明白我的意思嗎？如果禱告只是一種責任，禱告將永遠無法超越這個階段。這就像每天早上洗冷水澡：設定鬧鐘時間，咬緊牙關、進入冷水裡。但是，當你這樣做，你不會覺得那是件愉快的事。

那麼，我們如何明白神真的存在？如何明白耶穌真的垂聽我們的禱告？我將討論兩件事：

首先，我認為當我們堅持盡禱告的責任，我們會進入第二階段。在此，我們藉由之後的認識來明白神的存在。我會說這是第二階段。在第一階段，你禱告，並且懷疑神是否聽你禱告。但你之所以繼續禱告，是因為你知道你必須學習，因為神給你力量學習。在第二階段，你禱告，卻沒有感覺神的同在，但事後發生的事證明神是存在的。

我的思緒回到耶穌復活後，門徒第一次遇見耶穌，並察覺祂的同在時所發生的事。他們可以觸摸祂、可以看見祂、可以聽見祂，而祂說：「願你們平安！」這太棒了，耶穌和他們在一起。不久之後，多馬進入房間，他們告訴

多馬，耶穌來過，多馬不知道自己錯過了什麼。但是，多馬說他不相信耶穌來過，他希望親眼見到耶穌。他環視房間，什麼也沒看到。他的耶穌手上有貫穿的洞、肋旁有一個貫穿的大傷口；所以，除非他的手指戳入那個洞，他的手伸入那個傷口，否則他不會相信他們所說的話。一個星期後，在同一個房間，耶穌對多馬說：「伸過你的指頭來，摸我的手；伸出你的手來，探入我的肋旁。」而多馬說：「我的神，祢在這兒。」

你明白這個信息嗎？在復活和升天之間的那段時期，耶穌教導門徒如何察覺祂的同在──即使感官無法感覺祂的同在。就因為如此，祂需要以復活和升天之間的那六個星期來教導他們。在那六個星期，耶穌來來去去，後來他們不知道祂究竟是來、還是去；最後，他們明白，當祂離去，祂並未消失！這就是聖經所教導的。在耶穌回到天上的那一天，當他們看見耶穌的身體消失在雲朵之上，他們明白他們再也無法觸摸祂、或聽見祂。在那一刻，祂給他們的最後一句話是：「我……常與你們同在，直到世界的末了。」從現在起，他們不再需要以感官來感知祂的同在。他們已經斷奶了。而耶穌說：「你因看見了我才信；那沒有看見就信的有福了。」耶穌升天意味著我們再也無法以感官覺察祂的同在。人們說：「如果你讓耶穌出現；如果祂走進教會，在主日晚上講道，我就相信祂。」雖然

我的感官無法感覺耶穌的同在，但我知道此刻耶穌就在這裡。也許我聽不見祂、看不見祂、摸不到祂，但祂就在這裡。升天意味著「我常與你們同在，直到世界的末了」。

你如何知道耶穌常與我們同在？通常，這件事關係到之後的認識——換句話說，後來才得到答案。當信徒談到他們的禱告得到回應，他們知道耶穌與他們同在，因為當他們根據之後的認識來看發生的事，他們明白耶穌必然垂聽他們的禱告。這意味著你有更多的信心來禱告。禱告不只是一個責任，禱告已經變成一份特權，因為正如司布真（Spurgeon）所說的：「禱告讓全能神屈服於你的渴望。」神改變心意，回應你的禱告。祂並沒有改變祂的性格；我們的禱告沒有改變神的**本質**，但會改變祂的**作為**。在聖經裡，我們讀到許多人大膽和神爭辯的例子。摩西這樣做，所以神改變心意，做了不一樣的事。神並沒有改變性格，但因摩西的禱告如此有果效，讓神改變了心意。聖經說：神後悔了，改變心意了（這就是「後悔」的意思）。有時候，當你從後來發生的事來看先前發生的事，你明白神已經做了某事，而如果你沒有禱告，祂並不會去做這事。

在某個時候，一連串奇妙的巧合開始發生了，統計數字讓你明白神垂聽禱告。雖然你沒有感覺神的同在，但你有信心禱告，因為你知道神必定垂聽禱告，否則不會發生許多這類的事。

當你禱告，也許你得到的答案不是你所求的。然而，當我們的禱告得到回應，我們可能得到我們所尋求的鼓勵。老實說，得到回應可能比得到所求的更令人滿意。某篇詩篇嚴肅地說道，神將人們心裡所求的賜給他們，也讓他們的靈魂變貧瘠；祂將他們所要的賜給他們，但他們的靈命卻變貧乏了。神回應我們，而祂的回應帶我們進入我所說的禱告「第二階段」。約伯說：「求告祂有什麼益處呢？」答案是：你得到回應，這個回應鼓勵你繼續禱告下去。當你禱告時，你是向一個父、一位王禱告。如果你向一位王禱告，你可以將大事帶到祂面前；然而，如果你對一個父禱告，你可以將小事帶到祂面前：這個想法是不是很令人開心？如果神是一個父親，祂知道我頭上有多少根頭髮，也注意到一隻麻雀跳到地上。王處理大事，父處理被他孩子視為大事的小事。所以，我可以來到神面前，並得到一個回應。

我想要將禱告的「第三階段」稱為**直覺**。我不只想要事後明白神的同在；我還想問：「每一次我禱告，我可以知道當我禱告時，祂都在場嗎？」我可以每一次都感覺祂的同在嗎？歸根究底，這將是禱告的最大鼓勵。只要我還處在第一階段，我作禱告是因為它是對的，因此我決定遵守神的命令以表現我對祂的愛，但我完全感覺不到神的同

在，那麼我將很難繼續禱告下去。當我進入第二階段，當我開始得到答覆，繼續禱告變得容易多了，因為我知道由於我禱告，所以發生了一些事情。然而，此刻也許你仍然沒有感覺祂的同在。禱告還有一個第三階段。讚美神，當你來到第三階段，你和神說話時，你會知道祂在那兒。

　　這件事是如何發生的？這件事沒有方法可言。然而，當我讀聖經，我一再地注意到，有些人和神說話時非常清楚地感受到祂的同在，所以，他們只是和祂開聊。你是否注意到這一點？你是否曾經這麼想：「但願我能夠像摩西一樣和神說話、和神交談，並立即得到祂的回應。如此，我就知道祂在那兒？」這事是怎麼發生的？

　　我不相信有任何方法可以幫助你明白神的同在。我讀過許多有關禱告的書，我研究過禱告的方法。有些人說必須坐著；有些人說必須站著；有些人說必須跪下來；有些人說必須躺在地上；有些人說應該去散步；有些人說應該睜開眼睛；有些人說應該閉起眼睛；有些人說應該進入房間；有些人說是在使用上班途中所經過的某條特定的街；有些人說應該去到鄉間，進入山區。有些人這樣說；有些人那樣說，他們的方法讓你覺得暈頭轉向。請注意，一位女士說，自從我建議使用手禱告，她發現神賜給她該作的禱告。我告訴她：「神賜給你一個真正的恩賜，使你在禱告中可以分辨。當你在禱告小組中，你為正確的事禱告，

雖然你並不明白那是正確的事。」

她回答：「自從我開始像這樣使用我的手，神就把我該作的禱告賜給我。」這真是太棒了！但我不要強調方法。我認為對你而言，禱告時，最重要的是放輕鬆並且與神連結。如果你坐下來時比較能夠放鬆，比較能夠與神連結，你可以坐下來；如果你跪著比較能夠放鬆，比較能夠與神連結，你可以跪著；如果你張開眼睛比較能夠放鬆，比較能夠與神連結，你可以張開眼睛；如果你閉起眼睛比較能夠放鬆，比較能夠與神連結，你可以閉起眼睛。實驗，改變方法，直至你找到一個適合你的方法。沒有一個放諸四海皆準的方法。但重要的是：我是否能夠讓自己大大放鬆，並且與神連結？我知道神與我同在房間裡，並對我說話？答案是：你可以。這不是靠著肉體，因為我們的感官是屬肉體的；這甚至不是靠著思想，因為思想很容易因著不專心或想別的事，而變成一種阻撓。

我會告訴你我認為這是如何辦到的。如果你是一個基督徒，你的性格裡有另一部分現在已經活過來了；你不是只有身體和思想而已（希臘人會說，你不是只有身體和靈魂而已），你也是一個靈，而你的靈讓你覺察到房間裡耶穌的同在。換句話說，你和神可以建立一種深入的關係，這種關係比身體和思想所能建立的關係更深入。一般而言，人類的關係都局限在身體和思想、或身體和靈魂上。

只要兩者結合在一起，你就可以擁有一份美好的關係或美好的婚姻。有時候，你可以和另一個人建立深入的關係，你們彼此了然於心——也許不發一語，但在心靈深處你們知道彼此的想法，了解彼此的感覺。然而，我們可以和神建立更深入的關係——深層與深層回應；靈與靈呼應。

許多聖靈的恩賜完全忽視頭腦。相信自己腦力的人，發現他們很難相信還有另一個領域，在那裡人的靈可以和神的靈交通，而話語可以從聖靈傳到人的靈裡，沒有經過大腦也不是出自思想——靈就是**知道**。

當聖靈觸摸你的靈，你可以除去阻撓許多人的理性障礙。後者將我們的禱告局限在悟性禱告的層面，雖然我們也應該以悟性禱告。如保羅所說：「我要用靈禱告，也要用悟性禱告。」如果你從來沒有用靈禱告，你會錯過禱告的一個真實領域。我要用靈歌唱，也要用悟性歌唱。我的生命中要有這兩種禱告、這兩種歌唱。我會討論我所說在聖靈裡禱告的意思。但在一個深奧的層面上，靈知道耶穌在那兒。

我想要告訴你一個我個人的見證。我在寫本書的內容時，曾有一次我說：「耶穌，祢和我一起在這個房間裡嗎？」然後，我的靈就那樣「爆開」了。說完這話，我的身體立即有一個「動作」，但那並不是情緒性的。幾分鐘之內，我的身體和理性趕上了我的靈，並且我的靈**知道耶**

穌在那兒，而我可以從我的靈「傾訴」於祂。我相信就是在這個時候，當你禱告時，你可以知道主的同在——祂的靈讓你的靈知道祂的同在。這件事就是如此深奧，我無法解釋、無法描述，但我告訴你，有些聖徒花了好幾年的時間，才能夠明白當他們禱告時，耶穌就在那兒。他們偶爾會有這種經驗，但卻不是經常性的經驗；或者，許多年後，當他們在主的恩典裡有長進，在每一次禱告時他們或多或少知道耶穌與他們同在。但我要告訴你一個好消息，有一條小小的捷徑可以讓你覺察耶穌的同在，那就是**浸泡**在聖靈裡。我不在乎你使用哪一種說法：受聖靈的洗、被聖靈充滿、被聖靈膏抹、被聖靈澆灌、聖靈降臨你身上。但我告訴你，當你的靈浸泡在耶穌的聖靈裡，你的心靈深處會感受到祂的同在。你不會為此爭論，你的心思意念不會阻撓你。事實上，祂會讓你擺脫心思意念的牽絆，因為那是一種干擾。

當你受聖靈的洗，祂似乎讓你在禱告生活中立即感受到神的同在。如此，你的靈可以和神的靈交通，可以和主交通，可以和天父交通，而祂的靈與你的靈同證你是神的孩子。因此，你可以呼叫「爸爸，阿爸，父」。這是聖靈對我的靈說話。我屬肉體的感官說，耶穌不在房間裡；我的思想無法集中，對我說：「嗯，也許待會我的頭腦可以察驗是否有回應，可以看看祂是否真的在聽我禱告。」但

是，當聖靈和我的靈一起作證，身體和思想不再阻撓我，我的靈便察覺耶穌的同在。因此，如果你在禱告時很難感覺耶穌的同在，我建議你開始禱告求耶穌以祂的靈充滿你，使你浸泡在祂的靈裡。我告訴你，在這個禱告得到回應之前，你會比以前更多覺察祂的同在，而且這是一個祂樂於回應的禱告。

　　真是太好了！這是任何基督徒都可能經歷的事，不管他們的身體和心智狀況是如何。我曾探望一個垂死的會友，有三、四天，他的家人無法從陷入昏迷、躺在病床的病人身上得到任何回應——不管是身體或心理的回應。這個會友去世前一、二個小時，我去看他，他的一個家人說：「沒有用的，你要進去嗎？」我說是的，然後就走進去。我坐在床邊，嘴巴湊近這個像屍體般的會友的耳朵，然後說：「我要開始禱告；我要你和我一起禱告。」於是，我開始禱告：「我們在天上的父」——我沒有再說下去，因為病人接著說：「願人都尊祢的名為聖，願祢的國降臨，願祢的旨意行在地上，如同行在天上。」說出這些話的並不是他的身體，也不是出於他的思想，而是他那仍然非常活躍的靈。我所討論的是禱告的第三個深奧層面，在這個層面，神想要與你交通，並讓你覺察祂的同在。

　　我曾任一家精神療養院附屬教堂的牧師，一個星期會去主持一次崇拜。我經常在想是否在浪費時間，因為這是

那些就醫學而言無法離開那裡、無法復原的精神病患的牢房。這裡發生了各種奇奇怪怪的事。當我宣布唱詩歌，有個人會在其他人唱歌時站起來並行軍禮；那音樂必定觸動了某個深藏的、下意識的軍樂隊的記憶。我和負責管理那一區的人談話。我說：「你知道，有時候我不曉得他們是否領受了任何信息。」那人說：「鮑森先生，請不要不來。一週裡面，只有在這個崇拜時間，他們才會表現得不一樣。有些人只有在唱詩歌時，才會說出理性的話。」那是靈的作為！

你知道，有一個享受神同在的層面不是屬於肉體感官的層面，甚至不是屬於理性推論的層面（「祂必定在那兒，因為我們禱告，而祂回應了」）。這是一種**屬靈**的知覺，這種知覺不受制於身體或心智的狀況。哈利路亞！所以，你可以知道祂的同在，祂的靈和你的靈一起見證你是神的孩子；而祂是你的阿爸，一起見證主耶穌正在聽你的禱告，並且準備在你的請願書上簽名；一起見證魔鬼被擊敗了，而眾聖徒和你一起禱告；一起見證即使你不知道該如何禱告，聖靈可以讓你說出一種你沒有學過的語言，並且釋放你，讓你能夠禱告。

禱 告

父神，謝謝祢，因爲當我成爲祢的孩子，祢讓我的靈活了過來。之前，我在屬靈上是死的。我對祢說話，但我不確定祢是否正在傾聽；我不知道我是否眞能得到答覆。主，謝謝祢，因爲祢不希望我停留在這個光景。謝謝祢賜給我們一個能與祢親密交通的新領域。

主，讓我浸泡在祢的靈裡，以祢的靈充滿我，如此，雖然我的身體和理性無法感覺祢的同在，但祢的靈可以充滿我。所以我不會懷疑我在和祢說話，而祢也和我說話。主，如果我渴望滿足肉體感官的欲望，請饒恕我。謝謝祢，因爲有一天，我會親眼見到耶穌、會親耳聽見耶穌，但是主，在那之前，賜給我信心，以致我不需要以感官來感知祢的同在。主，如果我的理性無法了解，如果我的理性在爭辯，而我的心思意念無法專注於祢，請讓我的靈親近祢，並教導我如何以朋友對朋友、靈對靈、心靈深處對心靈深處的方式來和祢交通。

主，謝謝祢，因爲此刻我感覺到祢的同在。謝謝祢，因爲祢眞的在這兒。主，繼續對我說話，幫助我認識祢、愛祢、和祢談話並聆聽祢。我爲了祢名的緣故如此祈求。**阿們！**

7

為別人禱告

大多數人都犯了一個罪，而且極可能經常犯這個罪，但我們很少把這件事當成罪。我們把它視爲疏忽、或者一時忘記。我指的是：「至於我，斷不停止爲你們禱告，以致得罪耶和華。」（撒母耳記上十二章23節）你上一次何時明白這是罪，並求神饒恕？我們竟然忽視這一小節經文，這眞是令人驚訝。聖經把爲別人代禱視爲一個責任，雖然這也是一份特權。我們之後將說明，代禱是我們必須學習最難的禱告之一。爲自己和自己的需要禱告，比爲別人的需要禱告簡單許多。爲自己禱告是一種本能；爲別人禱告不是你天生會去做的事。說明了這一

點，你會很高興知道你的代禱是大有功效的。沒有什麼會比聽見你所代禱的事得到極好的回應更令你開心。

早在我成為基督徒之前，我就見識過代禱的大能。我清楚記得一個聖誕節早晨，當我醒來時，覺得有些不舒服。那一天，我的父親出去講道，而我病得很嚴重。我知道我病得不輕，而父親崇拜結束後便匆忙趕回家。他縮短了講道，因為主在他心裡告訴他，他的家人（我）迫切需要他。半小時後，我已經住進醫院了，醫生懷疑我得了腦膜炎。我想我的家人所吃的苦頭比我還多，當然，他們的聖誕節晚餐完全被毀了！三天後，我健健康康地走出醫院。星期一早上，我的父母拿給我一張長長的紙，紙上有一百二十個人的名字，這些人都說：「我們相信神為大衛預備了一個未來，我們將一起為他禱告。」因為這些禱告，我才成為今日的我！但是，當時的我還不是一個基督徒，雖然紙上那麼多的名字引發了我的好奇心，但我當時並不太能感激這些人所做的一切。

當我在一九四七年九月成為基督徒，我已經明白代禱的力量。我在一個星期五晚上成為基督徒，之前，我已經和一百多個年輕人共處一個星期，而他們大多是基督徒。當我慌亂走進一個房間，並發現一群人圍成一個圓圈、指名道姓地為我禱告時，我感到有點困窘。在你成為基督徒之前，你不太會感激這種事。一旦成為基督徒，你卻會十

分感激別人這麼做，感激他們如此愛你，肯提名爲你代禱。但是，在此之前，你討厭這種事。爲我禱告——他們以爲他們是誰？我猜想他們以爲他們比我強……我的反應和一般人一樣。但至少我知道，那個星期五晚上，別人的代禱對我的決志至關緊要。自此以後，我明白這件事如何成就了日後的我。我告訴你，我比任何人都明白，我的服事全都要歸功於別人的代禱，而不是我自己的作爲。如果我不知道有人私底下在主面前爲我提名代禱、支持我，我將無法持續面對我的服事。沒有別人的代禱，我無法繼續講道和教導。

　　對我而言，代禱的運作方式是一個奧祕。有人嘗試以心理學術語解釋這件事，例如，他們把爲自己禱告視爲一種精確的自我暗示（self-suggestion）。我記得曾聽過一位心理學講師說，我們可以用心電感應和人與人之間的思想轉移來解釋爲別人禱告這件事。這種說法恐怕無法完全說服我。這是嘗試給予代禱所發之力量的一個自然解釋，但是，我們只能從超自然的角度來解釋代禱時所發生的事。

　　我想到在共產黨接管中國大陸之前，去到中國宣教的兩位女宣教士。她們是在一處山區醫院宣教的宣教士，而她們必須到鎮上的銀行領出一大筆錢，然後帶回醫院支付醫院員工的薪水。因著種種原因，她們耽擱了，以致夜幕

低垂時，她們還在回家的途中，也因此被迫必須在土匪橫行的山區過夜。所以，她們躺下來之際，將自己交託給主。隔天早上，她們回到醫院將錢支付給員工。當她們在山上睡覺時，她們將那袋錢（一筆為數可觀的錢）放置在她們的身體之間。幾個星期後，當地一個有名的土匪頭子遭到槍擊，被帶到她們的醫院。她們救了他的性命，而他對這兩位宣教士說：「幾個星期前，我看過你們。你們露宿在外，身邊有一袋錢，是不是？」

「是的。」

「我們想要那袋錢，但我們沒有去拿。」

兩位女宣教士說：「為什麼？」

他說：「嗯，因為有士兵。」

「什麼士兵？」

「和你們在一起的士兵。我們數過了，總共有廿七個。」

幾個月後，兩位女宣教士趁著休假回到她們位於倫敦的小教會，並向教會說起這個故事。教會的祕書是個做事一絲不苟的人，他記錄了所有的聚會，以及參加聚會的人數。他問：「那是在哪一天發生的？」她們將日期告訴他。

他查看日誌，然後說：「那一天，我們教會的禱告會對你們有特別的負擔。禱告會中有廿七個人一起禱告，求神保護你們。」

或許你會針對這件事給我一個合乎常情的解釋。但事

禱告
的黃金法則

實上，禱告所成就的事多於這個世界所能想像的。

　　神已經制定一件事：只要有人向祂伸出一隻手，並向有需要的人伸出另一隻手，能力就會在天和地之間湧流；有時候，你必須使用手才能產生這種連結。許多人說，當他們在禱告中按手在某人身上，他們感到神的大能帶來的刺痛感流過他們的手臂，因為連結完成了。代禱必須付出極大代價，但是為了回應代禱，神讓能力流入需要幫助的人身上。

　　我相信天使也經常參與。讀讀但以理書你就知道，天使飛來飛去，他們可以飛得比最快的飛機還快！但以理書第九章中，在一個頂多兩分鐘的禱告結束之前，一個天使已經從最高天飛到但以理的臥室——真快！神有祂的使者！

　　想到為別人禱告，我們會思考四個問題。第一，我們為何為別人禱告？——弄清楚我們的動機；第二，我們應該為誰禱告？一個問題是，你的名單很容易變得太長，而我要針對如何限制名單給你一些引導；第三，當我們為別人禱告，我們應該禱告什麼？第四，當我們為別人禱告，我們應該如何禱告？

　　首先，我們為何為別人禱告？聖經說，人類的心是極其邪惡的、是最詭詐的。問題是我們的動機經常混淆，以致我們不清楚為何為別人禱告。為別人禱告時，最大的問題是除去禱告動機中的自我元素，務必不讓自身的利益影

響我們的代禱。我怕如果不謹慎，我們往往只為那些在某方面和我們的利益有關的人禱告。我們為什麼應該多為我們的國家禱告，而不多為其他國家禱告？我們必須留意不要只為自己的國家禱告，而不為其他國家禱告，因為如果我們的國家倒下去了，我們的生活方式將受到威脅。利己主義可能讓我們只為**自己的家庭、教會和國家**代禱——但願我們的家庭、教會和國家興旺，如此我們就可以過著快樂、幸福的生活，就可以擁有一個如我們所願的小世界。當我們為別人禱告，自義也可能以這種獨特的方式加入。你是否注意到我是指**為別人禱告**？我想要針對**為別人禱告**提出一個小小警告。你知道我的意思嗎？我們很容易在禱告中講道。你是否記得站在聖殿前的那個法利賽人？在他的禱告中，「我」變得很大。這個字出現了五次。**我謝謝祢，因為我不像其他人；我一週禁食兩次；我將我所得的十分之一奉獻給神。**然後，他回頭看看坐在後面的那個人，並說：「**我謝謝祢，因為我不像其他人，也不像那個稅吏。**」這種禱告的另一個版本是：「讓教會的全體會友和我一樣熱心吧。」你是否聽過這種禱告？「主，點燃他們心裡的火，讓他們渴望來參加禱告會，就像我今天早上渴望來參加禱告會一樣。」這和法利賽人的自義有何不同嗎？「我謝謝祢，因為我不像其他人；讓他們和我一樣，如此一來，我們會有一個很棒的教會。」這沒有差別。利

禱告
的黃金法則

己主義、自義、完全的自我，都可能進入禱告中。

　　讓我給你另一個深刻的例子。也許你和一個非信徒結婚，這是一個不對稱的軛，所以煩惱和摩擦在所難免。因此，你跪下來說：「主，讓我的丈夫成為一個基督徒」；「主，讓我的妻子成為一個基督徒。」為什麼這樣禱告？如果你的配偶成為基督徒，你們就可以分享信仰？或者你們就可以過著幸福、快樂的生活？或者你們就可以建立一個基督化家庭？我認為如果你和一個非基督徒結婚，你最好先為自己禱告。為他感謝主，然後為自己禱告。為他所擁有的每一個良好特質感謝神，並求神讓你成為一個更好的妻子或丈夫，然後看看接下來會發生什麼事。但是，我們可能只是求神讓配偶信主，讓我們不必在禱告中為這件事煩惱。

　　我曾經聽一位傳道人說：「為一個人禱告六個月，這個人就會死去。」我不相信這個。我不相信為別人禱告可以操縱他們；我不認為這是禱告的力量。你無法讓另一個人變成基督徒，甚至無法藉著禱告讓另一個人變成基督徒。神尊重個人的自由。我相信為別人禱告無法迫使情況改變，但會增強神在這個情況中的作為。禱告不是讓你得以操縱一個人、使這人合你心意的方式，而是一個增強的方式：這人對神大能的每一個回應，都因著你的代禱而變得更加強烈。如此，你並沒有操縱他們；你愛他們、幫助

他們。記住，有些人是耶穌所邀請的，但耶穌不得不放棄他們，因爲他們在關鍵時刻不想接受耶穌的邀請。

因此，每當我們爲別人禱告，我們應該問自己，爲何我們這樣做？我的禱告是否出於利己？例如，我是否求神讓我的兒子或女兒成爲我無法成爲的人？我是否將自己的抱負投射在他們身上？有些父母渴望出去宣教、或者渴望投入服事，所以，他們每日禱告求神讓他們的兒女成爲宣教士。他們確定沒有將自己受挫的抱負投射在孩子身上嗎？爲別人禱告只有兩個適當的動機：讓神得榮耀，以及讓代禱對象得益處。

你會發現保羅說：「爲我弟兄……就是自己被咒詛……我也願意。」這意味著保羅的禱告不帶任何利己的動機。因此，我們必須以無私的方式爲別人禱告。的確，耶穌要我們禱告，並幫助那些無法回報我們的人，因此，我建議你檢視禱告名單，然後告訴自己，有多少人不會給我任何好處，但我可以在禱告中幫助他們？耶穌教導我們，我們可以在家裡做這樣的事：我們可以邀請人星期日來家裡吃午餐，這些人不只包括三個月內會回邀你去他們家用餐的人，也包括沒有家可以邀請你去用餐的人。同樣地，爲那些不會給你回報的人禱告，如此你可以確定你的代禱是爲了神的榮耀，也是爲了別人的益處。

這是第一個重點：我們**為什麼**禱告；我們的動機必須

正確。當然，這一切不意味著我們不該為自己的家人、教會和國家禱告。

我想要說明的第二個重點，關係到我們應該為誰禱告。為兩種人禱告是沒有意義的。首先，為死去的人禱告沒有任何用處。雖然我們對他們充滿美好的回憶，並且十分想念他們。但是，我們可以將他們交在神的手裡，沒有必要為已經過世的人禱告，這是異教的作法。這種作法悄悄地入侵基督教，致使某些基督徒仍然認為他們可以這樣做。但我根據聖經告訴你，一個人存在的確定時期，是介於出生和死亡之間的時期。我們將為在肉身時所做的事受審判，一旦我們死去，一個巨大的深淵就永遠形成了。聖經說得十分清楚，按照神的話，死去的人不會為我們禱告；我們也不必為他們禱告。所以，我們不該為死去的人禱告。

新約告訴我們，還有另一小群人是不用為其禱告的。這是指一群背棄信仰的「基督徒」。他們背棄耶穌、不認祂，犯了約翰一書五章16節所說的「至於死的罪」。雖然耶穌所愛的門徒約翰胸懷大愛，但他說：「我不說當為這罪祈求。」唉，有的時候，基督徒偏離基督太遠，我們不該再為他們禱告。但是，我們應該為其他每一個人禱告。

雖然如此，聖經叫我們為某些特定類別的人禱告，而我希望你務必將他們放在禱告名單上。首先，你應該為你

的敵人禱告。除去敵人的最佳方式，就是讓敵人變成朋友，而讓敵人變成朋友的最佳方式，就是為敵人禱告。因此，你應該經常將不喜歡你的人或你不喜歡的人（這種事經常是互相的）放在禱告名單上，或者同時將這兩者放在禱告名單上。你是否為那些惡待你的人禱告？耶穌如此教導我們，而使徒實踐這個教導。耶穌死前注視著那些在祂腳下賭博的士兵，並說：「父啊，赦免他們。」然後，祂為他們禱告。當別人拿石頭要將司提反砸死，當石頭砸碎他的頭蓋骨、割裂他的皮膚，讓他血流如注，他說：「父啊，赦免他們！」為你的敵人禱告。

我知道有一個年輕人去從軍。他進入營房的第一晚，跪下來在床邊禱告。營房另一邊的一位中士揀起一隻靴子，使勁朝這人扔過去。靴子砸破這人的耳朵，讓他疼痛難耐，但他繼續禱告。因此，那位中士拿起另一隻靴子，再度朝那年輕人扔過去。靴子正中目標，再度砸破他的皮膚，但年輕人繼續為那位中士禱告。隔天早上，當中士醒來，他的靴子已經放回他的床鋪旁邊且擦好了，讓他那一天可以穿上它們。這位中士說：「我必須弄清楚是什麼原因讓一個人做出這樣的事。」他成了一個基督徒。你是否確定你為敵人禱告？也許那是你工作場所一個不好相處的人；也許那是你覺得不了解你的父親或母親；也許那是一個你認為十分叛逆的孩子。你是否為你的敵人禱告？

聖經要我們放在禱告名單上的第二種人是為主做工的人。你必須禱告求主興起人為祂做工，求主將一個名字放在你心裡，讓你去教會時可以走向這個人、對他說：「主剛剛似乎對我說，你是否考慮去國外宣教？」或者「你是否考慮投入服事？」「你是否考慮成為一位佈道家？」這樣的事發生時，你不覺得很開心嗎？我就是這樣變成一位牧師的。一個信主的書商邀請我去和他喝茶，他帶我到位於德罕郡（County Durham）一個名叫斯彭尼穆爾（Spennymoor）的小地方——不是一個非常有益於健康的地方。他帶我到那兒參加一個主日的晚間崇拜，我知道這場崇拜是他主持的。在途中，我說：「你的講道內容是什麼？」他回答：「我不要講道，你才要講道！」我就是這樣進入服事的。他一直禱告求主興起人為祂做工，而主已經讓他按手在我身上。因此，這個信主的書商抓住一位教授的兒子，並說：「你要講道。」當做工者服事主，他們需要別人為他們禱告。他們容易受攻擊，他們在前線；他們需要別人為他們禱告，而聖經要我們為他們禱告——不是求主賜給他們安全或舒適，而是求主讓他們大膽傳福音、求主為他們的工作打開一扇門。你是否注意到保羅經常說「為我們禱告」或「為我禱告」？當他被關在牢裡，他並沒有說為我的自由或安全禱告，他說「為我祈求，使我……能以放膽……」——為他禱告，讓神的話不受束

縛；讓更多的門得以向神的話敞開；讓他可以傳講神的話。你是否以禱告支持為主做工的人？

第三，聖經教導我們還要時常將另一群人——政治人物，放入我們的禱告名單。他們遭受許多嘲笑、諷刺和批評，他們需要許多代禱。將你國家國會議員的名字放在禱告名單裡。聖經要我們為那些掌權者舉起聖潔的手，因為若要自由地傳福音，我們就需要某種政治環境，我們應該求神賜給我們一個和平的社會，一個能夠自由傳福音的社會。你是否為政治人物禱告？

第四種應該被放入代禱名單的是病人。在病人的房間或醫院的病房裡，禱告是一項十分有力的武器。

我指出幾種你應該放入禱告名單的人，但在此我要提出一個告誡：如果你的名單太長，你會有麻煩。除非神讓你投入特別的代禱服事，否則我不認為同時為太多人禱告是可行的。事實上，我可能會大膽說，一次為四、五個人禱告就夠了。寧可每一次都帶著更新的力量、重復地禱告，而不是向神呈上一份會員名冊或是你自己的「購物清單」。這是因為當你真正為某人禱告，你會感到疲憊，這是一件辛苦的事。你為一些真正有負擔的人禱告之後，你會覺得精疲力竭。

我們該為誰禱告？最好讓主決定你該為誰禱告。如果你認為你應該為某人禱告，將這個人的名字帶到主前；並說：「主，告訴我，我是否應該將這個人放在禱告名單

中？」要當心，不要不假思索地說：「我會爲你禱告。」記住，神會要你爲此負責，並說：「因爲你停止禱告而得罪了主。」我想，如果有人要你爲他們禱告，而你當時並不清楚神是否要你這樣做，你最好非常誠實。你要說：「我會問主，當我禱告時祂若將你放在我的心裡，我會爲你禱告。」如此一來，你就不會作出空洞的承諾。基督徒很容易說：「我會禱告。」所以，讓主給你一張禱告名單，祂給你的名單會是你所能應付的。如果你爲一個情況禱告，我建議你不要爲這情況裡的每一個人禱告，而要求問主，這個情況中的關鍵人物是誰？然後將禱告集中在這些人身上。記住，神愛世人，甚至將祂的獨生子賜給他們。但是，當耶穌禱告時，祂說：「我爲他們祈求，不爲世人祈求，卻爲祢所賜給我的人祈求。」他們是情況中的關鍵人物。我不知道當時全世界的人口有多少（比今日全世界的人口少許多），但你無法爲全世界禱告，全世界的人口超過六十億！所以，你可以說：「主，在這個情況中，誰是關鍵人物？誰是最重要的人物？誰將爲別人解決困境？我會將我的禱告集中在這些人身上。」如果你無法爲整個內閣禱告，那麼，爲首相禱告；如果你無法爲整個教會禱告，那麼，爲牧者禱告。將你的禱告集中在整個情況的關鍵人物身上。耶穌就是這麼做。

第三，讓我們思考我們爲什麼要禱告。人們想要的和

他們需要的完全是兩回事。你很難確定在你心裡，你想要的和你需要的有什麼差別；明白別人的需要更困難。你知道他們有需要，但有時你是為表徵禱告，而不是為原因禱告。某人是否太累？你可以如此禱告：「主，求祢讓他們恢復活力，讓他們不要這麼累。」或者你可以說：「主，告訴我他們為什麼這麼累，然後，我會求祢除去讓他們疲倦的原因。」你明白這個差別嗎？倘若你如此求，你會發現你在為一件不一樣的事禱告。也許你聽說某人病得很嚴重，而你的直覺是立刻求神回應此人得到康復的願望，所以你說：「主，醫治那個人。」如果你停下來思考，也許你會發現自己如此禱告：「主，快快帶走那個人。」遇到英國的乾旱時，你當下的直覺是說：「主，為我們降下雨。」然而，如果你是以利亞，也許聖靈會帶領你如此禱告：「主，讓這次的乾旱在英國停留三年，使我們恢復理智，並幫助我們記住，雨是祢的恩賜。」你明白這個差別嗎？

因此，我們為誰禱告、要為什麼禱告都很重要。原則很簡單：當你為別人禱告，你的目標是要讓他們得到最大的好處——不只是得到一樣好東西，而是得到最大的好處。為了讓他們得到最大的好處，你會祈求某件讓他們痛苦或受苦的事物。我曾從講台如此禱告：如果會眾中有人不屬於耶穌基督，除非他們歸向耶穌，否則神將讓他們不

得安寧。求神讓人不得安寧！一個奇怪的禱告，但我是為他們最大的好處禱告。如果我只是說：「主，賜給他們健康、財富和幸福，」那麼，不幸的是，他們可能得不到最大的好處，可能永遠不覺得需要救主。因此，如果我要為一個人最大的好處（對此人而言最好的事物）禱告，我的禱告可能很不一樣。也許我會和浪子的父親一樣，讓兒子離開；甚至我會求神一件事：讓撒但得到一個基督徒的身體，好讓這人的靈魂得救。這叫作將一個人交給撒但。這是一個教會所能作最可怕的禱告。但是，他們可以為了某人最大的好處作這個禱告。撒但可以得到這人的身體，可以讓這個身體得到各種疾病，甚至可以殺死這個身體，但這會讓這人的靈魂歸向神。這樣做確實是為別人最大的好處禱告。但這是一個困難的禱告。

我們如何知道該作什麼禱告？嗯，聖靈想要幫助我們，而知識和辨別的恩賜就在這時候出現了。當你真正想要為某人禱告，你突然明白，你以為這人需要的，並不是對這人最有益的；所以現在，你求神讓這人得到最好的。就因為如此，一個好父親會懲罰孩子。為什麼？因為他要讓孩子得到最好的——不是得到當下的舒適，而是得到最好的。有時候，你必須發揮想像力，設身處地為那人著想，並問自己：如果我是那人，對我最有益的是什麼？

現在，我要開始討論第四件事，也是最後一件事：我

們如何為別人禱告？如何讓我們的代禱有果效？在此，我想再次提出一個告誡。不要從量的角度來思考禱告，而要從質的角度來思考禱告。如果你從量的角度來思考，你會認為你為一個人禱告愈久，你的禱告愈有果效。但耶穌說：「不會因為你許多的禱告、或用許多話禱告而蒙垂聽。」並不是你為某人禱告愈久，你的代禱就愈有果效。但是，如果你從質的角度來思考，你會知道，你愈深入為某人禱告，你的代禱愈有果效。為有需要的人禱告兩分鐘，可能比為這人禱告十分鐘更深入。同樣地，從量的角度來思考就是認為，讓愈多人參與禱告愈好。但願我能夠讓一百或兩百人來禱告；或者，如果我們可以為這次佈道會招募一萬個禱告夥伴，這一萬個人的禱告會比一、兩個人的禱告更蒙垂聽。但耶穌說，比較蒙垂聽的禱告是兩、三個人的禱告，而不是更多人的禱告。耶穌從來沒有說，如果你可以讓一百或兩百個人來禱告，祂會更加垂聽。由於我們從量的角度來思考，我們以為在請願書上有更多簽名，神愈會垂聽。但我已經告訴你，神只在請願書上尋找一個名字，如果這個名字出現在請願書上，祂就會應允請求。這個名字就是耶穌的名字。因此，我們不可從量的角度來思考，不可以為如果可以讓許多人在請願書上簽名，神就會垂聽。

　　然而，如果你可以讓更多人深入地禱告，禱告將愈有

果效。由於我是從質的角度來思考，而不是從量的角度來思考。我寧願有十個人深入地為我禱告，而不願有一百個只是提起我名字的禱告夥伴。

那麼，我所說的深入禱告是指什麼？我是指讓人付出代價的禱告。你為某人禱告的果效和你所付出的代價成正比。我相信就因為如此，當耶穌從山上下來，在山谷遇見門徒，並發現他們無法幫助一個有困難的孩子，祂說：「你們不明白只有禱告和禁食可以解決這個問題嗎？」換句話說，你沒有付出代價；你為這個男孩禱告並沒有付出任何代價。這就是禱告中禁食所扮演的角色：禁食讓你付出代價，讓你付出沒有進食的代價。花許多時間為一個人禱告的惟一好處是：你付出了時間的代價，時間在今日是十分寶貴的。

禱告讓你付出什麼代價？最大的代價是：當一個婦人觸摸耶穌衣服的繸子、並得到醫治，有良善的能力從耶穌身上流出來。如果你真心為某人禱告，你身上的一些能力會離開你，流到另一個人身上。能力從神那兒流出，而良善的能力從你那兒流出，兩者在那有需要的人身上相遇。如果你真心為一個人禱告，你會感到整個人被耗盡，那時你必須為自己禱告，求神將你耗盡的力量重新補足給你。所以，禱告讓你付出什麼代價？你如何禱告？

為別人代禱有兩種：不在別人面前禱告，以及在別人

面前禱告。我想要提一提身體接觸的禱告果效。當然，要理智：年輕人，不要急著去按手在年輕的女孩身上，我們必須講求實際。然而，身體的接觸可能大大增強了禱告。如果你為軟弱或生病的人禱告，握住他們的手就是禱告。當你為他們禱告，神會使用這種身體的接觸。神創造靈，也創造身體，按手是有果效的。這不是一種象徵性的動作，而是一個實際的動作；能力從你的手流出。因此，按手是一個特別令人印象深刻、特別意義深長的禱告形式。在聖經裡，這個動作被用來為病人禱告；被用來祈求一個人被聖靈充滿；被用來為面對新任務的主工人禱告（讓他們得到必要的裝備）。因此，如果你在某人面前禱告，而且這樣做是恰當的，你要按手在那人身上，即使只是將一隻手放在那人的肩膀上、或者用一隻手臂抱住那人的肩膀。神會使用身體的管道釋放能力。這些方法可以加強禱告，讓禱告更加有能力。

　　我教會的一位長老在白天有一項非常美好的服事。他是一位函授教師，透過基督教雜誌回答從世界各地傳來的簡單聖經研討問題。這本雜誌邀請其他國家年輕的基督徒和提問者一起在函授課程進行交流。他讓我看一篇一個十三歲非洲男孩所寫的報告（這是一篇非常可愛的文章，字裡行間不經意地透出幽默。這男孩說：「請寄給我一本聖經；但是，由於有人會從包裹裡拿走聖經，請在背面寫

禱告的黃金法則

上：『拿走聖經者會被殺死！』」這個十三歲男孩用最簡單的話，表達了他想要抓住神的話。但我注意到一個問題，表明問題的措辭是多麼重要——這裡的措辭顯然是一種他所不了解的口語用法。這個問題是：神為何沒有垂聽許多人的禱告？這個男孩的回答是：「因為神累了。」神並沒有因為聽禱告而覺得累；但是，如果你真的為別人禱告，如果那是一個真正的禱告，你會覺得疲累。然而，神可以為那些服事祂的人補充力量——就是少年人也要疲乏困倦，但服事祂的人將如鷹展翅上騰。

以下是關於為別人禱告的最後註解。當你為別人祈求，你必須預備聽到神說：「你在為那人禱告的同時，也要回應那個禱告。」當你一次又一次地為別人禱告，主會說：「你自己回應這個禱告；你去寫一封信，或者去探訪；你去服事。」有時候，祂會叫你做一件事，你不得不說：「但是主，我沒辦法這麼做，我沒有力量！」

「你去按手在那人身上，為那人的健康禱告。」

「主，但我沒辦法那樣做！」

也許主會說：「播下你的禱告，和我一起同工，我會給你力量回應禱告。」因此，每當我們為別人禱告，我們必須在禱告結束時說：「主，我在這兒，如果祢想要差遣一位天使，很好；但是，如果祢想要使用我，我在這裡，我會成為祢的小驢駒；我聽候祢的差遣。」我為我的王服務。

禱 告

主，我在這方面犯了罪，我太輕率對別人說：「我會為你禱告」，但是三星期後卻把這事忘得一乾二淨。主，幫助我不再作這種膚淺的代禱。主，給我一個我可以勝任的代禱名單，告訴我不該為誰禱告，因為你是要別人為他們禱告。主，幫助我明白，然後幫助我在代禱時有良善的力量從我流出，也有能力從祢流出。主，祢的能力是無限的，我的能力是有限的，但我將我所有的獻給祢，因為我知道當我用盡時，祢會重新賜給我。謝謝祢讓我可以為別人禱告，謝謝祢讓我時時看到禱告的結果。我將榮耀歸給祢，奉耶穌的名禱告。阿們。

禱告的黃金法則

8

毫無攔阻地禱告

約伯記的最後四章提醒我們，有好幾個月，約伯的禱告沒有達到神面前。他相信他沒有做錯什麼，所以神讓他受苦是不對的。來到生命的盡頭，約伯仍不明白為何神讓他受苦。我們明白，因為神在約伯記一開頭就給我們解釋，但是，約伯一直不明白。

> 「那時，耶和華從旋風中回答約伯說：誰用無知的言語使我的旨意暗昧不明？你要如勇士束腰；我問你，你可以指示我。」（約伯記卅八章1～3節）

有好幾個月，約伯一直要求神回答，他說：「祢必須回答。」而神說，祂會說話、祂會回答：

「我問你，你可以指示我。我立大地根基的時候，你在哪裡呢？你若有聰明，只管說吧！你若曉得就說，是誰定地的尺度？是誰把準繩拉在其上？地的根基安置在何處？地的角石是誰安放的？那時，晨星一同歌唱；神的眾子也都歡呼。海水衝出，如出胎胞，那時誰將它關閉呢？是我用雲彩當海的衣服，用幽暗當包裹它的布，為它定界限，又安門和閂，說：你只可到這裡，不可越過；你狂傲的浪要到此止住。你自生以來，曾命定晨光，使清晨的日光知道本位，叫這光普照地的四極，將惡人從其中驅逐出來嗎？因這光，地面改變如泥上印印，萬物出現如衣服一樣。亮光不照惡人；強橫的膀臂也必折斷。你曾進到海源，或在深淵的隱密處行走嗎？死亡的門曾向你顯露嗎？死蔭的門你曾見過嗎？地的廣大你能明透嗎？你若全知道，只管說吧！光明的居所從何而至？黑暗的本位在於何處？你能帶到本境，能看明其室之路嗎？你總知道，因為你早已生在世上，你日子的數目也多。」（約伯記卅八章3～

禱告
的黃金法則

21節）

「耶和華又對約伯說：強辯的豈可與全能者爭論嗎？與神辯駁的可以回答這些吧！於是，約伯回答耶和華說：我是卑賤的！我用什麼回答祢呢？只好用手摀口。我說了一次，再不回答；說了兩次，就不再說。於是，耶和華從旋風中回答約伯說：你要如勇士束腰；我問你，你可以指示我。你豈可廢棄我所擬定的？豈可定我有罪，好顯自己為義嗎？你有神那樣的膀臂嗎？你能像祂發雷聲嗎？你要以榮耀莊嚴為妝飾，以尊榮威嚴為衣服；要發出你滿溢的怒氣，見一切驕傲的人，使他降卑；見一切驕傲的人，將他制伏，把惡人踐踏在本處；將他們一同隱藏在塵土中，把他們的臉蒙蔽在隱密處；我就認你右手能以救自己。」（約伯記四十章1～14節）

「約伯回答耶和華說：我知道，祢萬事都能做；祢的旨意不能攔阻。誰用無知的言語使祢的旨意隱藏呢？我所說的是我不明白的；這些事太奇妙，是我不知道的。求祢聽我，我要說話；我問祢，求祢指示我。我從前風聞有祢，現在親眼看

見祢。因此我厭惡自己（或譯：我的言語），在塵土和爐灰中懊悔。……這樣，耶和華……賜福給約伯。」（約伯記四十二章1～6、12節）

當你得不到神的回應，祂可能只是轉身並說：我沒有從你那兒得到回應，所以只要停止爭辯，然後我可以祝福你。

我真的很難為本書最後一章下標題。起初，我以為我會稱它「沒有問題的禱告」，但這似乎不正確。然後，我想到「沒有困難的禱告」。這些標題都不正確。因為我心裡知道，我無法向你保證世上的禱告不會遇見問題或困難。基督徒的生活並不是輕鬆的生活，耶穌從來沒有給我們這樣的應許。由於禱告是基督徒生活的核心，所以有時候禱告是件難事。因著許多我說明過的理由，禱告會是一件難事。你如何成為頂尖的運動員？這是件容易的事嗎？當你成為頂尖的運動員，保持這種狀態是件容易的事嗎？注意，這是一件難事。你必須非常努力，才能到達巔峰。然後，當你到達巔峰，你不能說：「很好，我到達了，這並不難。」運動員必須保持努力。我想到雷亞蘭博士（Dr. Alan Redpath）在還是東北橄欖球隊球員的時候，他是我家鄉的民間英雄。每天早上，他會去到後院，以肩膀推磚牆半個小時。這是他那個尺寸的肩膀在球賽開始時

去爭球的方式。當他處於巔峰狀態，他仍然必須這麼做。因此，我無法給你一個「沒有問題的禱告」或「沒有困難的禱告」的標題，因為我相信在這世上禱告將是一件難事——不只必須進入巔峰狀態，也必須繼續保持。在天上，禱告將是一件容易的事，因為你會見到主的面。

因此，我必須想出另一個標題，那就是「毫無攔阻地禱告」，因為我們遇到的許多困難都是自己製造出來的。不幸的是，對大多數人而言，禱告是件難事，比實際的情形更困難。無論如何，有時候禱告的確很難，但我們沒有理由增加禱告的難度；或者反過來說，我們可以降低禱告的難度。

大多數我瀏覽過有關禱告的書，都會以一整章討論「禱告的問題」，這會讓你感到有些沮喪！這就像一個人坐下來，把一本醫學書《家庭醫生》（The Family Doctor，暫譯）讀個一、兩章，然後等待死亡找上門！你是否曾經這樣做：查了所有的症狀，然後心裡想：「我得了這個病，我得了那個病」，然後就放棄？因此，我不要討論禱告的問題，我只要討論禱告的攔阻。這個攔阻有五個部分，但是對我而言，禱告只有一個基本問題。其他問題都和這個問題有關，因此，我只要討論一個問題——禱告沒有得到回應的問題。

在我們進一步討論之前，我想我用了錯誤的字眼來描

述這個問題。因為許多人（尤其是非信徒）認為，禱告沒有得到回應是指求一件事而沒有得到所求的，但我所說的禱告沒有得到回應並不是指這個問題。對大多數基督徒而言，禱告沒有得到回應並不是沒有得到所求的，而是沒有得到任何回應。這就是問題。我的禱告可能得到許多回答。我可能很確信我想要某樣東西，所以我求神賜給我，而神給我的回答也許是：「不，你不能得到這東西，這對你沒有好處。」或者，神的回答可能是：「等待，現在不是給你這樣東西的時候。」但這不是問題，因為神回應了禱告。問題是天變得像銅，而你覺得神沒有垂聽，覺得你的禱告沒有達到神面前，而單向的談話並不好玩。我相信這就是我們放棄的原因，也是禱告中最令人心灰意冷的事。

如果神說話了，你就不會在意祂的拒絕。想想保羅的情況。有三次，他說：主，祢是否可以醫治我身上的疾病，我無法應付這個問題；如果沒有這個障礙，我更能夠事奉祢、更能夠往來各地。拿走我肉體上的這根刺吧！有三次，他為此禱告。最後，神說：「我可以藉由你的軟弱，藉由在你的軟弱中施恩給你，讓我的名得到更多榮耀。」保羅很滿意——這不是一個沒有得到回應的禱告，這是一個得到回應的禱告；這不是他所期望的回應，但這是一個得到回應的禱告。

許多最偉大的聖徒都曾經有禱告沒得到回應的問題。他們以各種說法描述這件事。有時候，他們說這是「一種枯乾的經驗」，彷彿他們正行經沙漠。禱告似乎沒有果效、沒有結果，也有些人認為這是一個黑暗期，而不是一個枯乾期。許多聖徒在其著作中使用了一個說法：「靈魂的黑夜」（我想德蕾莎修女是第一個使用這種說法的人）。這是一種黑暗、枯乾的經驗，還有些人認為這就像一種死亡狀況──彷彿生命自禱告中消失。另有些人覺得這是一種沉悶或乏味的狀態；他們很誠實，承認自己覺得禱告很無聊。但是，這些抱怨都要歸因於一個事實：禱告沒有得到回應。這是單方面的談話，不是交談。如果另一個人沒有開口，你可以繼續和這人談多久？如果你很難和一個沒有開口的人交談，那麼，當神沒有給你回應，和祂談話是一件令人十分沮喪的事。

有好幾個月，約伯陷入了這個情況，他不斷嘗試讓禱告達到神面前。我想要了解他如何呼求神，而我一頁接一頁地讀到「回答我」、「側耳聽我」、「聽我的禱告」、「聽我的呼求」。

在詩篇裡，我們不時讀到：為什麼祢向我掩面？為什麼祢掩耳不聽我禱告？我在呼求，我在禱告。為什麼祢沒有聽見？甚至大衛、這個擅長寫詩篇、擅長禱告和讚美的人，也曾有過這樣的經驗。我相信其他所有的禱告問題都

和這個問題有關。這時候，你開始無法專心，你覺得神沒有垂聽、覺得禱告沒有一丁點生氣；所以，你開始覺得沮喪；所以，你停止禱告，因為你覺得禱告沒有用，覺得禱告無法達到神面前、無法穿越臥室的天花板。我想要完全就實際面來看這件事。我以禱告初學者的身分寫下這些看法，我明白我無權談論這個範圍以外的問題。然而，我想要幫助一些像我這般的凡夫俗子克服這個問題。如果我在這方面可以幫助你，這就值得了。

　　這個問題有五個主要的原因——可能是這五個原因中的任何一個原因所引起的。你要將這五個原因當成一套自我診斷的工具。如果你的車子慢慢地停下來，而你不是英國汽車協會的會員，你會做幾件事。你心裡會想：汽油、點火開關……你檢查五個簡單的東西，很快地，你就找到問題了。我想要提出五件簡單的事供你檢視。其中三件事是「你」這方面的通訊中斷，亦即地上的通訊中斷，其他兩件事是天上的通訊中斷。也許你撥了一個電話號碼，電話接通了，但你必須對電話另一端的人說：「抱歉，我聽不到你的聲音，你聽得到我的聲音嗎？」對方說：「是的，我聽得清清楚楚。」而你說：「你能不能大聲一點？或者我再打給你。」然後，你們雙方都可以正常通話了。所以我們要問：「通訊中斷是發生在哪一方？」是地上的這一方嗎？如果是這樣，可能是三個原因中的某一個原因

造成的；或者是天上的那一方嗎？如果是這樣，可能是兩個原因中的某一個原因造成的。

以下是地上三個可能打斷通訊的三個原因：

1.　你和神的關係出了問題。
2.　你和人的關係出了問題。
3.　你和自己的關係出了問題。

這是地上三個打斷你的通訊的基本原因。也許你仍在說話，也許你仍在禱告，但是，你讓通訊中斷了。

第一，你和神的關係出了問題。這個情況可能以兩種方式發生。也許你在態度上得罪了神；也許你在行為上得罪了神。當你對神的感覺變成一種攔阻，你就在態度上得罪了祂。在此，我是指也許有些人對神心懷不滿，落入約伯的心境。「神，我不該受這種苦，祢一定弄錯了，祢不該讓這種事發生。」這是一種怨懟的態度，而神說，你想要證明我是錯的，所以你可以證明你是對的嗎？你對我的這種態度是對的嗎？約伯在行為上沒有犯罪，但他確實在態度上犯了罪，而神必須處理這罪。也許你因為處境的改變而對神逐漸產生一種怨懟的心態，也許你不再將神視為一個父親和朋友，而將祂視為一個暴君——即使在你向祂禱告的時候。當你來到神面前，你的態度應該是：如果地

上的壞父親尚且知道拿好東西給兒女，聽我禱告的神更會這麼做。我心懷怨恨嗎？我對祂懷著苦毒嗎？我是否帶著負面的感覺來到祂面前？果真如此，難怪我和神的通訊會中斷。神必須處理約伯的態度，祂說：「約伯，你應該對我心存這種想法嗎？你應該證明我是錯的一方，好讓你可以變成對的一方嗎？你忘了你是誰嗎？」約伯說，他很後悔在話語上的冒失。

使我們與神的關係出問題、並在禱告中遇見阻撓的另一種情況，是在行為上得罪神：我們自覺地、刻意地持續做一些祂不贊同的事。我們和祂的關係不好，而我們的禱告之所以出現阻撓，是因為神呼召你和祂一起對抗世上的邪惡，但是，這場爭戰必須從你開始。如果你甚至不願從自己的生命開始爭戰，神會明白你不是站在祂那一邊，所以，祂不會垂聽你的禱告。因此，如果我們看重或緊抓住神要我們拒絕的事物，我們就會遇到攔阻，我們的禱告便無法達到神面前。

有些人對我說：「我禱告，但從來沒有立即得到答覆；神從來沒有在禱告中給我任何回應。」通常我會對這些人說：「我是否可以教你作一個兩分鐘內一定會得到回應的禱告？這是一個神喜歡回應的禱告。我要你作這個禱告：『主，告訴我，我生命中有哪些事是祢不喜悅的。』」如果你有在禱告上沒有得到回應的問題，試試這

個禱告。你會訝異於神多麼快就回應你，因為祂要你和祂
的關係是好的。所以，這就是地上這一邊的第一個阻撓：
我的態度或行為使我和神的關係出了問題。錯誤的態度破
壞了我對神的感覺；錯誤的行為破壞了祂對我的感覺。不
管怎樣，我和神的關係不好，我的禱告無法達到祂面前。

　　第二種攔阻是我和人的關係出了問題。這是禱告一個
常見的阻撓，是使禱告無法達到神面前的一個常見阻撓。
我記得曾經聽一位了不起的巴基斯坦基督教監督說，有一
天，他正在將聖經翻譯成藏文（Tibetan）。他說：「我
在我的書房開始工作，而我如此禱告：『主，讓我的翻譯
通順流暢，幫助我將聖經翻譯成藏文，因為還沒有藏文聖
經。』」他沒有得到答覆，天就像銅，他的禱告沒有達到
神面前。他沒有靈感，無法繼續工作，但他還是繼續地努
力；最後，經過一小時的奮戰後，他說：「主，這是怎麼
回事？」主說：「今天吃早餐時，你為什麼因為你妻子把
土司烤焦，就對她吼叫？」很簡單。他說，他立刻去廚房
解決了這件事，他的禱告就達到神面前了；接下來，他的
翻譯工作變得十分順利。這是完全符合聖經的。彼得這位
已婚的使徒在書信裡說：「你們作丈夫的，如果沒有善待
妻子，你們的禱告將不蒙垂聽。」遑論禱告是否得到回應
了，神甚至不會垂聽你的禱告！這是相當實際的問題。

　　在對人的態度上，你可能在兩方面出了問題。第一，

別人對你做了某些事，使你無法饒恕他們。主禱文所提的惟一條件是：免我們的債，如同我們免了人的債。換句話說，若要得到神的饒恕，你也必須饒恕人。如果你想得到神的饒恕，你的手不只必須抓住神，也必須抓住你弟兄的手。主禱文只提到你必須做一件事：饒恕傷害你的人；這件事十分重要。因此，當耶穌結束教導這個禱告（一個猶太人禱告的縮短版），祂重複說：「你們不饒恕人的過犯，你們的天父也必不饒恕你們的過犯。」你使得天父無法饒恕你。這是很清楚的教導而許多人也明白，但是，他們做得到嗎？

然而，還有另一種情況使我因著和別人的關係不好，而在禱告時遇見攔阻：當別人沒有饒恕我，我的禱告可能遇見攔阻。我知道如果我沒有饒恕別人，我會遇見阻撓，但我曾經以為我要做的就是這樣了，一切都是我的責任。我很誠實地這麼想。我把羅馬書第十二章（「若是能行，總要盡力與眾人和睦。」）當作準則。所以我想：「我對別人絕不可心存芥蒂。」然而，馬太福音第五章說：「你在祭壇上獻禮物的時候，若想起弟兄向你懷怨……。」這處經文不是說：「若想起你向弟兄懷怨，去處理這件事。」你是否明白，別人對你的態度可能形成一種阻撓，不管你有沒有錯，不管你是自覺或不自覺地傷害到人？你是否明白，你對別人的態度或別人對你的態度都可能變成

禱告的攔阻？因此，也許你必須處理這個問題。但是，如果你真心想要恢復和睦的關係，但別人卻堅持拒絕饒恕你、或拒絕接受和解呢？如果你已經盡力而為，神會幫助你、恢復你，並除去阻撓。因為，祂在此對你的要求是「若是能行」。而且祂樂意饒恕並恢復悔改的人，這一點使得別人對你的態度無法攔阻你的禱告生活。

　　地上這一邊的通訊可能出現的第三個問題是：我和自己的關係出了問題，這是最不尋常的事。但是，主再度清楚地向我顯明一個非常簡單的真理：跪下來禱告並不會改變我。這話是什麼意思？我明白人們在禱告生活中所遇見的問題，多半就是他們在其他時候所遇見的問題。就因為如此，他們才會遇見這些問題，而這些絕不是屬靈問題，而是一般性的問題。容我向你說明。如果我因為一直站著而把自己累垮了，當我跪下來禱告時，身體上的疲憊便會影響我的禱告。在我生命中的某一段時期，大約有一週的時間，我徹徹底底地累垮了。所以每天早上，我必須請求我的妻子為我禱告，因為我已經精疲力竭了（不只是在平常的事上）。這種情況持續到禱告生活中，所以我無法為自己禱告。感謝她，她為我禱告，讀聖經給我聽。你無法靠著跪下來禱告，讓自己突然改變。

　　或者，我以另一件事為例來說明。如果在我有生之年，從來不曾專注於一件事；如果我只是找樂子，但從來

沒有嘗試教育自己；如果我只是流覽報紙的標題，看看電視，但從來沒有認真閱讀任何主題的著作，那麼，當我開始靈修生活，我如何能夠認真地研讀聖經？我不會在一夕之間改變，不會從一個無法專心、只追求片刻娛樂的人，突然變成一個可以專注於禱告生活的人。

舉另一個例子。如果在我有生之年，我一直是個在情感上受挫的人，那麼禱告時，我在情感上如何感到安適自在？例如，某些單身的人的確因為沒有結婚，而在情感上受挫，以致他們的禱告生活受到了影響。此外，他們發覺自己不容易愛神，因為挫敗感堵塞了他們的情感泉源。但是，惟有當他們融入單身狀態；惟有當他們接受這個狀態，把它視為一份來自神的禮物，並且對這個狀態充滿了感情，那麼，他們在禱告中才會有誠摯的感情。

因此，如果我們有禱告方面的問題，或許我們應該問：這些是我生命中常見的問題嗎？我是否很難專注於任何事情，更遑論專注於讀聖經？我在禱告上的問題，是否應當歸因於禱告生活外我自己的狀況？如果我將這些狀況處理好，我就可以禱告。換句話說，我的生活將對我的禱告產生影響。如果我受到文化上的激勵，如果我的身體能夠放輕鬆，如果我的心思能夠專注於其他領域，而我的情感也可以融入這些領域，那麼，我就能夠以一個完整的、充滿情感的狀態進入禱告生活中。

禱告
的黃金法則

　　但是，反過來說也是如此——禱告影響生命的其他領域。如果我將禱告生活封閉在一個小小的、密不透風的空間，和我生命中的其餘部分隔離開來，而且我不為我生命的其餘部分禱告，那麼，我會錯過某些東西。然而，如果我分辨出這些問題不僅僅是屬靈上的，它們可能是我生命的其他層面出了狀況，那麼我現在就可以為這些生命中的問題禱告。

　　不專心是你的問題嗎？對付不專心的最佳方式，就是把那些思緒找出來並擄獲它們。想想一個家庭主婦試圖在吃完早餐、丈夫去上班後，享受一段安靜的時光。許多髒衣服等著她去洗，她的腦中一直想著這件事：是否可以除掉那個污漬？為什麼他們非得把這麼多襯衫弄髒不可？然後，她又不斷想著其他的事。現在，她嘗試抵抗這些思緒、嘗試砍斷這些思緒。這就像講道時心裡想著：「我是不是沒有關掉瓦斯？」就是這麼簡單。這就是你漫遊的思緒，因為它是你真實的生活。漫遊的思緒指出你真正關心的是什麼。既然如此，去追逐這些思緒吧！去抓住這些思緒吧！為你心裡所想的事禱告吧！要這樣說：「主，我要為那些髒衣服禱告。我不要因為心裡想著髒衣服而有罪惡感，讓我為髒衣服禱告、讓我為那個污漬禱告。」如此一來，禱告會開始影響你的生活；然後，生活也可以影響你的禱告。這就是和你自己和好。當神稱你為義，祂就接受

你的本相，難道你不能接受自己的本相，讓禱告和生活融合在一起？我所說的「和自己和好」就是指這個意思。

現在，我們要來討論兩種可能出現在天上這一方，而且可能打斷和神的通訊的阻撓。也許我和神、和人、和自己的關係都處理好了，但我仍然覺得很難讓禱告達到神面前。所以，還有什麼原因？第四個原因（發生在天上）就是：撒但正在攻擊你。注意，我一直等到討論第四個原因才提到撒但。我們很容易將前面三個原因怪罪到牠頭上，此外，雖然我們將許多問題怪罪到牠頭上；但事實上，罪魁禍首並不是牠。許多阻撓我們屬靈生活的事並非出於魔鬼，而是出於我們和神、和人、或者和自己的關係沒有處理好。

但是，詳細探究前三個理由後，要向神查問（順帶一提，不要不斷地內省，試圖要提出究竟是這三個原因中的哪一個）。對神說：「神啊，我要向祢查問。如果問題出在這三件事當中的某一件，請向我顯明。祢可以決定是否立即告訴我，如果祢不要立即告訴我，我會繼續去探索其他原因。所以，我要質疑祢，求祢現在就指示我。」神喜歡回應這種急切的、大膽的禱告。所以，不要經常將溫度計放入嘴裡，然後說：「我的體溫是幾度？」當你已經對神說：「神，我要去檢查我在這三件事上是否有問題。如果我和祢、和別人或者和自己出了問題，求祢讓我停下

來。」如果神沒有讓你停下來，那麼，繼續去探究第四個原因，並問神：「是否撒但正在打擊我？」當撒但看到最軟弱的聖徒跪下來禱告，牠也不得不顫抖。所以，也許牠正刻意阻止你禱告。你是否明白，牠有爲數眾多的邪惡天使供牠差遣？我們稱牠們爲魔鬼，但這是一個誤導性的字眼。牠們是那些到處跑來跑去的小惡魔嗎？不，牠們是具備智慧、超自然存在的邪惡天使，會阻撓我們的禱告。而且，你知道牠們有嚴密的組織嗎？你知道魔鬼有牠自己的外交部嗎？每個國家都有一個牠愼重選派的邪惡天使在那兒執行任務，聖經清楚說明這件事。因此，魔鬼有一位駐英國的大使，這個邪惡天使的工作就是擾亂這個國家。

如果你讀但以理書，你就會明白這一切。你會明白，當但以理禱告時，有兩個天使因他的禱告而打起來——一個是神的使者，另一個是撒但的使者。在好天使擊敗了壞天使、讓神的回應得以臨到但以理之前，有一段時間，但以理的禱告沒有得到任何回應。也許你的禱告是因著爭戰打斷了通訊，而沒有得到回應。爭戰往往導致分裂，而這種天上的屬靈爭戰一直在進行著。也許你的禱告只是尚未通過前線。

在贏得爭戰之前，你的禱告無法達到神那兒，因此，你得不到回應。你如何處理這種情況？你爲此禱告，如果你覺得撒但正在阻撓你和神的通訊，你要奉耶穌的名禱告

以抵擋撒但。你抵擋撒但，撒但就逃跑。使用耶穌的寶血，使用耶穌的名字，使用耶穌軍械庫裡的每一樣武器，但是，要和撒但搏鬥、要抵擋撒但。我們知道約伯所遇到的問題是撒但造成的，這是讓你的禱告無法得到回應、或者造成禱告沒有得到回應之問題的第四種可能阻撓。你覺得你寄出一封信，但收信者並沒有告知收到你的信。

最後一種可能的阻撓是：也許神刻意不回應。的確，我們可以公平地說，如果阻撓來自撒但，那麼阻撓必然同時來自撒但和神。因為惟有神容許，撒但才能行動──約伯記清楚說明這一點。那麼，為什麼神沒有回應？在此，我想要討論一個非常正面和深奧的真理，而我不知道你是否已經準備領受。如果我和神、和人和好、和自己的關係沒有問題，也抵擋魔鬼，為什麼神仍然不願回應？我應該告訴你嗎？因為祂想要提升你的禱告。這是結束這個問題時一件極具建設性的事──神說：我要你學習，我要你更加努力。你是否看過父母教小孩走路？起初，父母跟在孩子身邊；然後，父母後退一些。為什麼？因為父母想要讓孩子多走一些。有時候，我相信神退到祂的聖徒後面，並說：「更努力點，我要你成長，我要你成熟，多多祈求。我要保留我的回應，因為我要你在禱告學校中成長；我要你成為一個強有力的禱告者。聖徒會告訴你，在沙漠的彼端是流著奶與蜜的應許之地。」

我相信，有時候神會說：「現在我已經祝福你了；從現在開始，有一段時間，我不會回應，因為我要你單單為我的緣故愛我、尋求我，不管你是否感覺到我的同在；我要你學習。」

這是一個艱深的功課，幾乎就像從小學進入中學。當你上一所新學校，最初的幾天不會太好受吧？你的根被拔除了；你的朋友都不在身邊了；你覺得格格不入、感到孤單。但是，如果你想要繼續學習和成長，你就必須進到另一所學校。在禱告的事上，神要你從小學進入中學，所以，祂要你學習更努力地尋求祂。這是第五個原因。如果你處理前面四個原因，而你認為那都不是讓你的禱告沒有得到回應的原因；那麼，你要說：「主，我要因為祢而繼續穿越黑暗、穿越沙漠、穿越沉悶，因為我知道祢正在教導我一些非常寶貴的功課。」

我們一直在思考攔阻，但我們是在一個樂觀的態度中結束：如果你想從「禱告學校」畢業，你必須牢記兩個簡單的觀念。第一，你的禱告可以成功。許多人之所以失敗，是因為他們認為他們會失敗；他們不認為他們會成功。因此，牢記這個觀念：聖靈想要幫助你成功。所以，

用這個想法跨出第一步吧：我可以成功，我不必成為一個失敗者，我可以在禱告上成功。第二個觀念是：我會成功。我不只可以成功，也會成功——這就是說，要有決心。聖靈絕不會替你禱告。即使你說方言，你仍然必須說話，必須動嘴唇——聖靈不會為你做這些事，得到這項恩賜的人很快就會明白這一點。聖經說，我們的軟弱有聖靈幫助；聖靈會幫助你自己禱告，而不是替你禱告。有了聖靈這位靈巧的助手，你要說的只是：「我會成功。」

　　我感謝神，因為有一天當你進入榮耀，你就不需要幫助了。但是現在，你需要幫助。不要懷抱這種態度來面對禱告：「我知道我會失敗；我過去失敗太多次了。」你要說：「我要忘記背後、努力面前，向著標竿、目標、至高的呼召和獎賞直跑。在這件事上，我要成為一個運動員；我要成功，且維持成功。」你會發現聖靈將一路幫助你；祂是最棒的教練。

禱告叢書EP089

禱告的黃金法則

原　　著／大衛‧鮑森
譯　　者／吳美眞
編　　輯／張珮幸、陳靜怡
版面編排／曾淑眞
封面設計／李珞嘉
發 行 人／章啓明
出版總監／黃聖志
出 版 者／財團法人基督教以琳書房
地　　址／臺北市10686忠孝東路四段210號B1
網　　址／www.elimbookstore.com.tw
讀者信箱／reader@elimbookstore.com.tw
臉　　書／www.facebook.com/elimfb
電　　話／（02）27772560 轉210、213
傳　　眞／（02）27111641
郵政劃撥／0586363-4　財團法人基督教以琳書房
登 記 證／局版臺業字第2854號
版權所有‧請勿翻印
出版日期／2013年11月一版一刷
再版年份／23 22 21 20
再版刷次／23 22 21 20 19 18 17 16 15 14 13 12

本書如有缺頁、破損、裝訂錯誤，請寄回本書房更換。
ISBN 978-986-6259-73-9（精裝）

國家圖書館出版品預行編目資料

禱告的黃金法則/ 大衛‧鮑森（David Pawson）
著：吳美眞譯. --一版. --臺北市：以琳，2013.11
　　面： 公分. --（禱告叢書：EP089）
譯自：Practising the Principles of Prayer

ISBN　978-986-6259-73-9（精裝）

1.基督教 2.祈禱

244.3　　　　　　　　　　　　　　102020076